PRAXIS MIT BOOTEN

Weitere Titel in dieser Reihe:

Friedrich Barthel, Gezeiten und Strom, Wind und Welle
Maurice Oliveau, 1×1 der Navigation
Cristof Marcus, Funknavigation
J. Bachmann/R. Petersen, Hafentag am IJsselmeer

Horst Futh

Segeln zu zweit
Praktische Hinweise für Mitsegler

mit 85 Abbildungen

BUSSE SEEWALD

Die Deutsche Bibliothek – CIP-Einheitsaufnahme

Futh, Horst:
Segeln zu zweit : Praktische Hinweise für Mitsegler /
Horst Futh. – Herford : Busse Seewald, 1992
(Praxis mit Booten)
ISBN 3-512-03090-4
NE: HST

Verlag Busse + Seewald GmbH, Herford 1992
Lektorat: Bernhard Gurk
Fotos: Horst Futh
Gesamtherstellung: Busse Druck, Herford
Printed in Germany

ISBN 3-512-03090-4

Inhalt

Über dieses Buch 9

Wie hoch ist denn die Segelstange? 10
Der äußere Aufbau einer Segelyacht 10
   Der Rumpf 11
   Kiel und Ruder 11
   Deck und Aufbauten 13
Der innere Aufbau einer Segelyacht 15
   Die Räume 15
   Technische Einrichtungen 16
Das Rigg 18
   Mast und Baum 18
   Das stehende Gut 19
   Das laufende Gut 20
   Die Segel 22
Ausrüstung und Beschläge 24
   Tauwerk 24
   Taljen und Blöcke 24
   Beschläge 25
   Anker und Ankergeschirr 27
   Das Beiboot 28

Safety first! 29
Erste Hilfe 29
   Die Bordapotheke 29
   Erste-Hilfe-Maßnahmen 29
   Funkärztliche Beratung (Medico-Gespräch) 30
Feuer an Bord 30
   Feuerlöscher und Feuerlöschdecke 30
   Feuerbekämpfung 31
Mann über Bord 31
   Sicherheitsausrüstung 31
   Mann-über-Bord-Manöver 32
Aufgabe der Yacht 33
   Schießen von Seenotsignalen 33
   Absetzen einer Seenotmeldung 34
   Einsteigen in die Rettungsinsel 35
Sonstige Sicherheitsausrüstungen und -maßnahmen 36

Segeln kann jeder 38
An- und Ablegen 38
  Anlegemanöver 38
  Ablegemanöver 40
Steuern 40
  Steuern nach Kompaß 40
  Steuern nach Windanzeige 41
  Selbststeueranlagen 42
Fahr- und Ausweichregeln auf See 42
  Fahrregeln 42
  Ausweichregeln 43
Segel setzen, reffen und bergen 44
  Großsegel setzen, reffen und bergen 45
  Vorsegel setzen, reffen und bergen 46
  Blister setzen und bergen 47
Segeln in der Praxis 48
  Windrichtungen 48
  Segelkurse 50
  Segelmanöver 52
Richtig ankern 56
  Ankermanöver 56
  Anker lichten 57
  Anker klarieren 57
Aufschießen, Belegen, Knoten 58
  Aufschießen 58
  Belegen 59
  Knoten 60

Navigation ist, wenn man trotzdem ankommt 62
Hilfsmittel und Geräte der Navigation 62
  Navigationswerkzeuge 62
  Magnetkompaß 63
  Lot und Log 64
  Seekarten und nautische Literatur 65
  Landmarken und Seezeichen 67
Kursermittlung 69

Positionsbestimmung 72
  Landnavigation 72
  Koppelnavigation 74
  Funknavigation 74

Wenn's brettert und pfeift 76
Das Wetter auf See 76
  Wetterbeobachtung 76
  Seewetterberichte 77
Starkwind und Sturm 77
  Zusätzliche Sicherheitsmaßnahmen 78
  Abwettern auf See 78
  Vor Anker und im Hafen 79
Verhalten bei Gewitter 79
Fahren und Segeln im Nebel 79
Nachtfahrt 80

Erklärung der Bordsprache 84

Wo steht was? 102

Meiner Bordfrau für alle
geduldig ertragenen Leiden
gewidmet

Über dieses Buch

Der Skipper war es leid, seiner Bordfrau zum wiederholten Male zu zeigen, wie man einen Steuerkurs berechnet. Und die Bordfrau hatte es satt, von einem ungeduldigen Skipper dauernd hören zu müssen, daß es so nicht geht. Ein Beispiel vom Bordleben zu zweit, wie es wohl jeder Skipper und jede Bordfrau kennen. Ausbildung und Erfahrung des Skippers stehen nicht selten gegen eine mangelnde Übung der Bordfrau. Autorität und Nervosität ersetzen Motivation und Geduld. Nautische Literatur sollte in die Bresche springen. Doch welche? Das Standard-Handbuch für den Segler? (»Viel zu umfangreich und theoretisch!«) Ein Bändchen für den Anfänger? (»Auf Jollensegelei und A-Schein zugeschnitten!«) Spezielle Taschenbücher? (»Ich will die Bordinstrumente kennenlernen, nicht sie reparieren können!«) Was also tun? Methode eins ist nicht jedermanns Sache. Methode zwei scheitert an geeignetem Lehrmaterial. »Warum schreibst Du nicht selbst ein Buch?«, riet die Bordfrau. Und so entstand die Idee zu diesem Band. Was will dieses Buch? An wen wendet es sich, und was enthält es? Das Buch wurde für alle Mitsegler geschrieben, die die Faszination des Segelns nicht aus der Perspektive eines Kreuzfahrtpassagiers erleben, sondern aktiv am Bordleben teilnehmen möchten. Es will diejenigen ansprechen, die Interesse am Segelsport haben, ohne gleich Skipper werden zu wollen. Diese Leser werden nach dem Studium des Buches

● Einrichtung und Aufbau einer Segelyacht kennen;
● Begriffe der Seemannschaft und des Segelns verstehen;
● Fahr- und Segelmanöver begreifen und
● in Notfällen das Schiff allein in einen Hafen steuern können.

Von dieser Zielsetzung ausgehend
● wird nur dasjenige Wissen vermittelt, das der Mitsegler wirklich benötigt;
● treten praktische Hinweise an die Stelle theoretischer Erläuterungen;
● ergänzen zahlreiche Fotos und Zeichnungen die verbalen Beschreibungen und
● helfen ein Sachregister (Wo steht was?) und ein Fachwörterverzeichnis (Kurz und bündig) beim Nachschlagen und schnellen Auffinden.

Der dargebotene Stoff beschränkt sich auf das Fahrtensegeln mit einem Kielboot und schließt Regattasegeln einerseits und Jollensegeln andererseits aus. Das Buch will weder der vorhandenen nautischen Literatur Konkurrenz machen noch Pseudo-Skipper heranbilden. Für die individuelle Segelpraxis bedarf es Ergänzungen und Änderungen, die sich daraus ergeben können, daß die betreffende Segelyacht anders ausgerüstet ist (Beispiel: Radar), in einem besonderen Revier gesegelt wird (Beispiel: Gezeitengewässer) oder der verantwortliche Skipper eine andere Meinung vertritt.

Allen Bordfrauen, häufig mitsegelnden Familienangehörigen und gelegentlichen Mitseglern wünschen wir viel Freude und Erfolg beim Studium des Buches.

Horst Futh

Wie hoch ist denn die Segelstange?

Nur Segelunkundige stellen eine solche Frage. Jeder halbwegs Eingeweihte weiß, daß damit der Mast einer Segelyacht gemeint ist. Doch gibt es viele andere Begriffe an Bord, die dem Mitsegler unbekannt sind oder deren Sinn er nicht versteht; manche stammen aus der Tradition der Segelschiffahrt. Die Verwendung einheitlicher und eindeutiger Begriffe an Bord erleichtert die Verständigung und ist aus Sicherheitsgründen unerläßlich. Wir empfehlen, sie nicht stur auswendig zu lernen, sondern stets nach ihrer Bedeutung und ihrem Verwendungszweck zu fragen.

Unser erstes Hauptkapitel befaßt sich mit dem Aufbau und der Ausrüstung einer Segelyacht, gegliedert in

- Der äußere Aufbau einer Segelyacht
- Der innere Aufbau einer Segelyacht
- Das Rigg
- Ausrüstung und Beschläge

Aufbau und Ausrüstung einer Segelyacht bilden die Grundlage für den Segelsport. Jeder Mitsegler sollte wissen, wie die einzelnen Gegenstände an Bord in der Seemannssprache heißen, wo sie sich befinden und wie sie funktionieren. Im Prinzip ist das nicht anders als beim Gebrauch eines Autos – nur eben hier ungleich zahlreicher und vielfältiger.

Der äußere Aufbau einer Segelyacht

Beginnen wir mit der Außenansicht. Schaut man von der Seite auf eine schwimmende Segelyacht, so erblickt man den Teil ihres Rumpfes, der aus dem Wasser ragt: das Überwasserschiff. Steht eine Segelyacht dagegen an Land, so sieht man auch ihr Unterwasserschiff, bestehend aus Rumpf, Kiel und Ruder. Steht der Betrachter selbst auf einer Segelyacht, so befinden sich vor seinen Augen das Deck, die Aufbauten und das Rigg (bei großen Segelschiffen heute noch Takelage genannt).

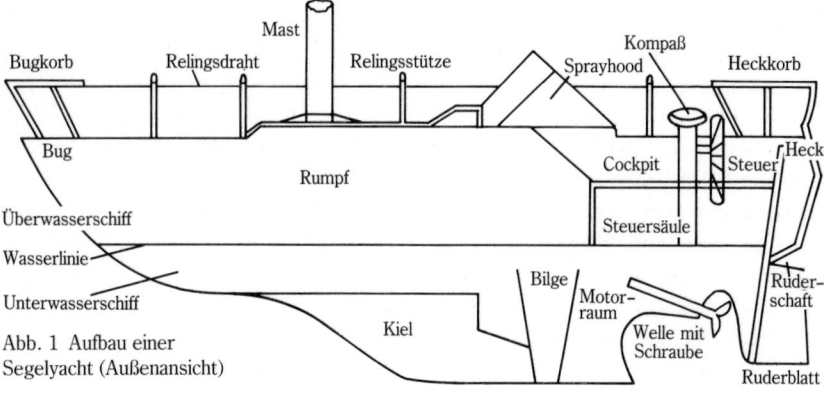

Abb. 1 Aufbau einer Segelyacht (Außenansicht)

Der Rumpf

Wie beschrieben, wird der Rumpf einer Segelyacht unterteilt in Über- und Unterwasserschiff, getrennt durch die Wasserlinie; oberhalb dieser Wasserlinie ist manchmal ein farbiger Streifen aufgemalt. Von der Länge der Wasserlinie hängt die Geschwindigkeit ab, die eine Kielyacht höchstens erreichen kann; wir nennen sie die Rumpfgeschwindigkeit.
Zwei weitere Begriffe sind:

• *Länge über alles (Lüa)*
der Abstand zwischen dem äußersten vorderen und dem äußersten hinteren [achteren] Teil eines Schiffes. Die Lüa bezieht vorhandene Vor- und Achtersteven in die Längenberechnung ein und wird unter anderem zur Berechnung von Hafengebühren herangezogen.

• *Freibord oder Freibordhöhe*
die von der Wasserlinie bis zum Deck gemessene Höhe der Bordwand

Das Überwasserschiff ist vorn durch den Bug und achtern durch das Heck begrenzt. Oberhalb des Überwasserschiffes sind, wie erwähnt, das Deck, die Aufbauten und das Rigg. Steuerbord ist immer die rechte, Backbord immer die linke Seite eines Schiffes, jeweils vom Heck aus betrachtet. Unterhalb des Unterwasserschiffes befindet sich der Kiel, achtern durch die Schiffsschraube und das Ruderblatt fortgesetzt. Während die Bugformen bei einrümpfigen Segelyachten heute sehr ähnlich sind, unterscheidet man beim Heck zwischen plattem

Abschluß (Spiegelheck) und langgezogenem Yachtheck. Einrumpfboote sind zu unterscheiden von Mehrrumpfbooten (engl. multihulls) mit zwei (Katamarane) und drei (Trimarane) Rümpfen. Während früher die Rümpfe von Segelyachten meist aus Holz waren, bestehen sie heute vorwiegend aus GFK (glasfaserverstärktem Kunststoff), andere aus Aluminium oder, vor allem größere Yachten, aus Stahl.

Kiel und Ruder
Eine Segeljolle hat ein absenkbares Schwert, das allein der seitlichen Versetzung (der Abtrift) beim Segeln am und beim Wind entgegenwirkt. Einrümpfige Segelyachten sind dagegen immer Kielboote. Ein solcher Kiel, aus Blei oder Gußeisen bestehend, sitzt unterhalb des Rumpfes; sein Ballast macht bis zu 40 Prozent des Gesamtgewichts einer Segelyacht aus. Wie das Schwert einer Jolle verringert der Kiel durch seine Form die Abtrift. Darüber hinaus verhindert er durch sein hohes Gewicht das Kentern der Yacht (»Stehaufmännchen-Effekt«). Eine Segelyacht kann sich bis zu 90 Grad zur Seite neigen (krängen) – und sich sofort wieder aufrichten, sobald der Winddruck auf die Segel nachläßt. Das bedeutet aber nicht, daß eine Yacht in extremen Situationen nicht durchkentern, das heißt eine oder mehrere Rollen um ihre Längsachse drehen kann. Sie sinkt aber nur, wenn sie leck geschlagen ist oder bei einer Durchkenterung große Wassermassen ins Schiffsinnere gelangt sind.

11

In Abhängigkeit von
ihrer Kielform unter-
scheidet man:

- *Kurzkieler* (Abb. 2)
  kurzer Kiel in der
  Mitte der Yacht

- *Langkieler* (Abb. 3)
  langer Kiel, über
  die ganze oder über-
  wiegende Rumpflänge
  verteilt

- *Hubkieler*
  für flache Gewässer kann der Kiel teilweise eingefahren werden
- *Kimmkieler*
  Segelyacht mit zwei Kielen zum leich-
  teren Trockenfallen in Gezeitengewäs-
  sern.

Das Ruder dient zum Steuern einer Segelyacht. Es setzt sich zusammen aus:

- *Ruderblatt*
  der im Wasser befindliche Teil des
  Ruders, der das Schiff steuert

- *Ruderschaft*
  die Achse, um die sich das Ruderblatt
  dreht
- *Ruderkopf*
  der obere Teil eines Ruders, an dem
  entweder die Ruderpinne oder die Einrichtung für die Radsteuerung befestigt
  ist
- *Ruderkoker*
  Durchführung des Ruderschaftes
  durch den Rumpf, zur besseren
  Abdichtung meist mit einer Fettstopf-
  buchse versehen,

Segelyachten unter 10 Meter Länge sind in der Regel mit einer Pinnensteuerung ausgerüstet. Sie wirkt beim Steuern direkter und hat Vorteile beim Rückwärtsfahren; bei Wind und Wellengang erfordert der Ruderdruck aber eine erhebliche körperliche Kraft. Größere Yachten besitzen deshalb eine indirekt wirkende Radsteuerung mit einem Ruderquadranten und Steuerseilen. Da eine Radsteuerung aufgrund ihres technischen Aufwandes störanfälliger ist, haben solche Yachten meist noch eine Pinnen-Notsteuerung für den Fall, daß die Radsteuerung einmal ausfallen sollte.

Deck und Aufbauten

Das Deck begrenzt den Rumpf. Auf ihm befinden sich die Aufbauten und das Rigg. Ist das Deck aus Kunststoff, so muß es mit einer griffigen Struktur versehen sein, damit man bei Nässe nicht ausrutschen kann. Ein Teakholzdeck ist rutschfester und sieht schöner (»schiffiger«) aus. Nachteile sind sein hoher Preis und seine Pflegebedürftigkeit. Als Vordeck bezeich-

Abb. 4 zeigt das Vorschiff einer Segelyacht

Abb. 5 das Achterschiff einer Segelyacht

13

net man das Deck vor dem Mast, als Achterdeck den Deckteil hinter dem Cockpit.

Die Reling besteht aus senkrecht stehenden, in das Deck eingelassenen Relingsstützen und waagerecht gespannten Relingsdrähten; sie soll verhindern, daß ein Besatzungsmitglied über Bord fällt. Vorn wird die Reling durch den Bugkorb und achtern durch den Heckkorb verstärkt. Um ein Ausbrechen der Relingsstützen zu verhüten, sollte man sie nicht unnötig mit dem vollen Körpergewicht belasten und nicht seine Sicherheitsleine daran festpicken.

Neben dem Kajütdach (mit Handläufen zum Festhalten) gehören zu den Aufbauten:

- *Ankerkästen*
  vorn und achtern zum Aufbewahren von Bug- und Notanker, oft auch Lagerplatz für die Gasflaschen

- *Cockpit*
  oder die Plicht
  (Abb. 6)

eine ins Deck eingelassene Vertiefung zum Aufenthalt für die Besatzung, meist mit Lattenrosten (Grätings) auf Bänken und Boden versehen. Auf der einen Seite (manchmal auch beiderseitig) befindet sich unter der Sitzbank geräumige Backskisten. Das Cockpit muß selbstlenzend sein, das heißt eingedrungenes Wasser muß wieder abfließen können. Es ist außerdem gegen überkommendes Wasser von einem erhöhten Rand (das Cockpitsüll oder Waschbord) umgeben. Im Cockpit sind zusätzliche Ablagemöglichkeiten, Ausrüstungen und Beschläge (beispielsweise Traveller, Winschen und Klampen), die Cockpitinstrumente, die Bedienung für den Autopiloten und die Steuersäule mit Steuerrad, Fahrhebel und Kompaß untergebracht. Eine Treppe (der Niedergang) führt von hier ins Schiffsinnere.

- *Sprayhood*
  oder das Spritzwasserverdeck
  zum Schutz gegen Spritzwasser und Regen; sie besteht meist aus Glas und/ oder Segeltuch, manchmal auch aus Plastik, und ist auf dem vorderen Teil des Waschbords angebracht.

Abb. 6

- *Oberlichter*
  trittfeste, nach vorn oder achtern hoch-klappbare Luken, die Licht und Luft ins Schiffsinnere lassen, mit Sicherheits-bügeln verschließbar

- *Lüfter*
  drehbare Lüfter und Windhutzen, die für eine zusätzliche Luftzirkulation sorgen, wenn die Besatzung nicht an Bord ist

Der innere Aufbau einer Segelyacht

Werfen wir als nächstes einen Blick in das Innenleben einer Segelyacht. Naturgemäß ist die Raumaufteilung jedes Yachttyps etwas anders, doch alle notwendigen Räume und Einrichtungen sind bei jeder größeren Fahrtenyacht vorhanden. Alle Räume werden zusammengefaßt zum Vor-, Mittel- und Achterschiff. Bei größeren Yachten ist alles großzügiger, bei kleinen Yachten etwas enger ausgelegt. Abb. 7 zeigt die typische Inneneinrichtung einer 10 bis 12 Meter großen Segelyacht.

Die Räume
Eine mittelgroße bis große Segelyacht hat üblicherweise folgende typische Raumauf-teilung:

- *Vorschiff*
  - Doppelkoje im Bug
  - WC-Raum mit Toilette, Waschbecken und Dusche
  - Schränke und Ablagen
- *Mittelschiff*
  - Salon mit Sitzbänken und Klapptisch
  - Pantry mit Herd, Spülbecken, Kühlschrank und Staumöglichkeiten
  - Navigationsecke mit Kartentisch, Navigationsgeräten und Schalttafel
  - Bilge
- *Achterschiff*
  - Achterkojen, meist mit Gang dazwischen, Schränke und Ablagen
  - Maschinenraum

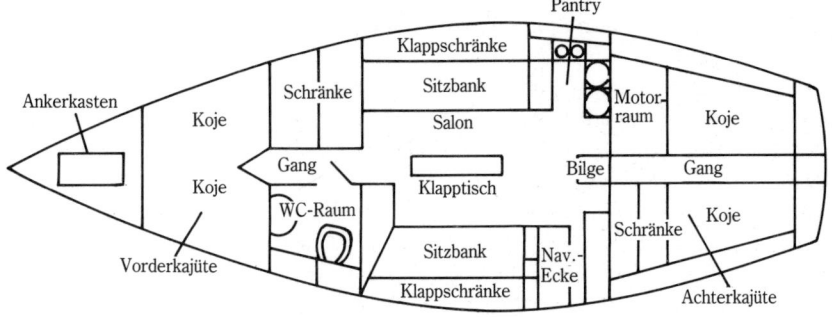

Abb. 7: Aufbau einer Segelyacht (Inneneinrichtung)

15

Technische Einrichtungen

Von besonderer Bedeutung sind die technischen Einrichtungen an Bord.
Sie umfassen:

- die elektrischen Anlagen
- den Kühlschrank
- die Heizung
- die Trinkwasserversorgung
- die Pumpen
- die Toiletteneinrichtung und
- das Kochgerät

Elektrische Anlagen

An Bord gibt es nur 12- oder 24-Volt-Strom aus den Batterien, üblicherweise getrennt für Motor und Versorgung. Ist ein Ladegerät eingebaut, so steht im Hafen (bei entsprechendem Anschluß) auch 220 Volt zur Verfügung, mit dem zum Beispiel Staub gesaugt, der Fön benutzt und der Rasierapparat aufgeladen werden können. Darüber hinaus lädt das Ladegerät die bordeigenen Batterien auf, was bei Motorfahrt mit Hilfe der Lichtmaschine erfolgt. Die Bordbatterien sind gut abzusichern, damit sie bei grober See nicht aus ihrer Halterung rutschen können und keine Säure ausläuft. Sie müssen regelmäßig kontrolliert und nötigenfalls mit destilliertem Wasser aufgefüllt werden. Aus Sicherheitsgründen ist für ausreichende Entlüftung des Batterieraumes zu sorgen. Solarzellen, Windräder und Wellengeneratoren zum Aufladen der Bordbatterien beim Segeln erzeugen nicht allzuviel Strom und nehmen viel Platz weg, weswegen sie sich bisher nur in geringem

Umfang durchsetzen konnten. Weitaus mehr findet man an Bord motorgetriebene Generatoren, mit deren Hilfe, unabhängig vom Landstrom, die Batterien aufgeladen werden können.

Kühlschrank

Besonders in südlichen Segelrevieren ist ein Kühlschrank unentbehrlich, weil er Lebensmittel vor dem schnellen Verderben bewahrt und die Getränke kühl hält. Allerdings ist er auch der größte Stromverbraucher und muß deshalb bei Fahrt unter Segeln meist abgeschaltet werden, um die Batterien zu schonen. Sofern er mit einem Abfluß versehen ist, können Eiswürfel oder eine Eisstange ein zeitlich begrenzter Ersatz sein.

Heizung

Eine Heizung gehört heute zum mittleren Komfort einer Segelyacht. Sie schafft bei Schmuddelwetter nicht nur eine wohlige, gemütliche Atmosphäre unter Deck, sondern verringert im Schiffsinneren auch Feuchtigkeit und damit Schimmelbildung und Korrosion. Bewährt haben sich Ölheizungen, die bei geringem Dieselverbrauch schnell Wärme liefern; leider sind sie auch Stromverbraucher.

Trinkwasserversorgung

Naturgemäß kommt dem Süßwasser an Bord eine erhebliche Bedeutung zu. Ein großer Tank erhöht den Aktionsradius einer Yacht und macht sie von Häfen unabhängiger. Für Trink- und Waschzwecke sind je Tag und Person 10 bis 12 Liter

16

anzusetzen. Sie lassen sich reduzieren, wenn, wie in südlichen Ländern im Sommer üblich, im Meer gebadet wird und Trinkwasser aus Mineralwasserflaschen oder Quellen kommt. Das Wasser wird aus dem Tank mit einem Fußpumpschalter oder einer elektrischen Wasserpumpe geholt. Um garantiert keimfreies Wasser zu haben, sollte man, insbesondere in wärmeren Gegenden, dem Wasser ein chemisches Präparat (z. B. Micropur) beigeben.

Pumpen
Pumpen (Handpumpen oder elektrische Pumpen) werden an Bord für verschiedene Zwecke benötigt, so vor allem

• *zum Lenzen*
des Wassers aus der Bilge (als Handpumpe und evtl. zusätzlicher elektrischer Pumpe)
• *zur Trinkwasserversorgung*
(als Fußpumpe und evtl. zusätzlicher elektrischer Druckwasserpumpe)
• *als Toilettenpumpe*
(meist mit Handbetrieb) zum Einpumpen von Seewasser und Auspumpen der Fäkalien

Pumpen sind für eine Segelyacht unerläßlich und bedürfen deshalb ausreichender Pflege und Überwachung; außerdem ist für eine Ersatzteilhaltung zu sorgen.

Toiletteneinrichtung
Die kritischen Teile einer Yachttoilette sind die oben erwähnte Pumpe und das

Seeventil. Das Seeventil sollte grundsätzlich nur zum Abpumpen geöffnet werden – ganz gleich, ob man segelt oder vor Anker liegt. Es ist sofort nach der Toilettenbenutzung wieder zu schließen; im Hafen sind ohnehin die Hafen- oder Clubtoiletten zu benutzen. Über die Verwendung eines Fäkalientanks oder Chemie-WCs gehen die Meinungen (und die örtlichen Gesetzesvorschriften) auseinander. Jedoch ist damit zu rechnen, daß mit zunehmendem Umweltbewußtsein die Verwendung umweltfreundlicher Chemie-WCs steigen wird.

Kochgeräte
Petroleum-, Spiritus- und Gaskocher sind die angebotenen Alternativen zum Kochen und Backen an Bord. Für welche Lösung man sich auch (aus Sicherheits- und/oder Wirtschaftlichkeitsgründen) entscheidet, in jedem Falle muß für eine ausreichende Sicherheit bei Installation und Benutzung gesorgt werden. Denn nicht selten sind solche Geräte die Quelle für Feuer und andere Unfälle an Bord. Für das Kochen auf See muß der Herd halbkardanisch aufgehängt sein. Sofern zum Kochen und Backen Flüssiggas verwendet wird (was zunehmend der Fall ist), sind folgende besondere Sicherheitsmaßnahmen zu treffen:

• Die Gasflasche und Ersatzflasche müssen in einem getrennten, abgeschotteten Kasten mit Außenentlüftung untergebracht sein.
• Der Einbau von Herd und Flüssiggasanlage muß nach den Vorschriften des

17

Germanischen Lloyd erfolgen (Broschüre»Flüssiggas auf Sportbooten« ist bei der Kreuzer-Abteilung des DSV erhältlich).

● Der Kochherd ist nach jedem Gebrauch, die Gasflasche zumindest nachts abzusperren.

● Für eine weitere Sicherheit kann ein Gasspürgerät sorgen, wie es im Handel erhältlich ist.

● Die Schläuche zwischen Gasflasche/ Leitung und Leitung/Kochherd sind alle zwei Jahre zu erneuern.

Das Rigg

Das Rigg einer Segelyacht umfaßt alle Einrichtungen, die zum Segeln notwendig sind. Im einzelnen gehören hierzu:

● *Mast und Baum*
  zusammengefaßt Spieren genannt
● *stehendes Gut*
  das sind vor allem die Stagen und Wanten
● *laufendes Gut*
  insbesondere die Fallen, Schoten und Leinen
● *Segel*
  Groß-, Vor- und Beisegel

Mast und Baum
Der Mast einer Segelyacht (bei einer Ketsch kommt ein zweiter»Besanmast« hinzu) ist heute üblicherweise aus Aluminium und steht auf Deck (vorherrschend) oder geht durch das Deck hindurch bis zur Oberkante des Kiels. Ein auf Deck stehender Mast läßt sich leichter umlegen und ist unter Deck nicht hinderlich.

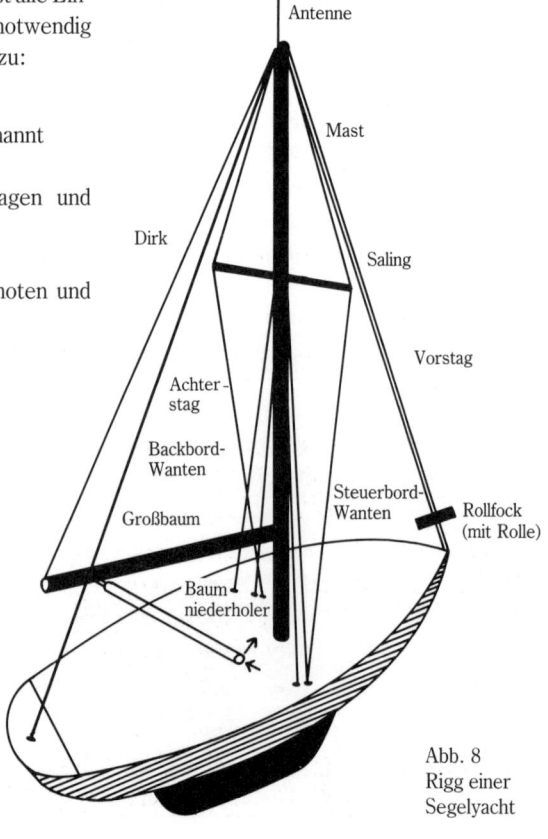

Abb. 8
Rigg einer
Segelyacht

Meist hat der Mast ein ovales Profil; an seiner achteren Seite sitzt eine Hohlkehle, in der die Rutscher des Großsegels laufen. Mast und Großbaum werden durch das sogenannte Lümmellager (am Mast) und den Lümmelbeschlag (am Großbaum) miteinander verbunden, wie in Abb. 9 dargestellt. Der »Lümmel« (wie Lümmellager und Lümmbelbeschlag zusammen genannt werden) macht es möglich, daß der Großbaum beim Segeln sowohl seitwärts als auch nach oben schwenken kann.

Der Großbaum ist ebenfalls aus Aluminium und hat ein ovales Profil. Auf seiner oberen Seite sitzt eine Hohlkehle, in die das Großsegel mit seinem Unterliek eingezogen wird. Neben dem Großbaum sind manchmal ein Fockbaum (für ein selbsttätiges Übergehen der Fock gleich Selbstwendefock) und häufig ein Spinnakerbaum (zum Ausbaumen des Spinnakers) vorhanden, bei einer Ketsch zusätzlich der Besanbaum.

Das stehende Gut
Zum stehenden Gut gehören:

- *Stagen*
Vor- und Achterstag dienen zum vorderen bzw. achteren Abstützen des Mastes; sofern die Yacht mit einer Rollfock ausgerüstet ist, besteht das Vorstag aus einem starken Drehprofil mit Rolltrommel (Abb. 10).

Abb. 10
Vorstag mit Rollfock

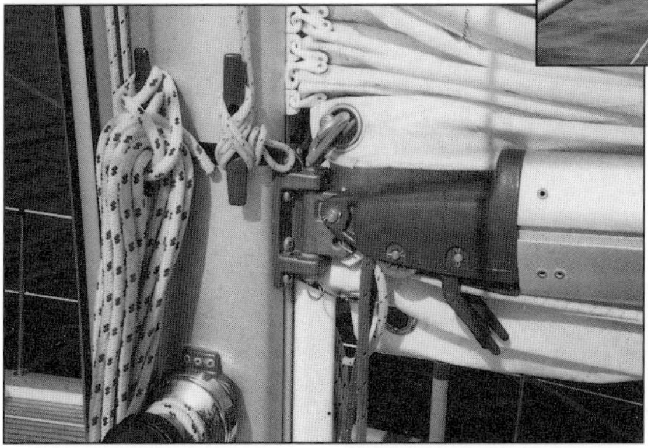

Abb. 9
Mast und Baum mit Lümmel

19

- *Wanten*
  Wanten sind die seitlichen Absteifungen des Mastes, unterteilt in Topp-, Ober-, Mittel- und Unterwanten; welche und wieviele Wantenpaare (an Backbord und Steuerbord) eine Yacht hat, hängt von der Höhe des Mastes und der Anzahl der Salingspaare ab.
- *Salinge*
  Als Salinge bezeichnen wir die quer am Mast angebrachten Aluminiumspieren zum Abspreizen der Wanten. Je nach Masthöhe verleihen ein bis drei paar Salinge den Mastabschnitten eine höhere Festigkeit.
- *Wantenspanner und Püttings* (Abb. 11)
  Wantenspanner verbinden die Wanten und Stagen mit den Püttings (in Deck und Rumpf verankerte Beschläge).

Das laufende Gut
Wie aus dem Namen hervorgeht, bewegt sich das laufende Gut, und zwar durch Blöcke und Leitösen. Im einzelnen umfaßt es:

- *Fallen* (Abb. 12)
  Fallen (Einzahl: das Fall) sind Tauwerk zum Hochziehen (Heißen) der Segel; sie bestehen aus Draht und/oder unelastischen Kunstfasern und werden in Groß-, Fock- und Spinnakerfall unterteilt.

Abb. 12
Mast mit Spinnakerbaum (vorn)
und Fallen (rechts und links)

Abb. 11
Wantenspanner (oben)
mit Pütting (unten)

• *Schoten*
Bei ihnen handelt es sich um elastisches Tauwerk zum Dichtholen und Fieren der Segel; wie die Fallen werden sie unterteilt in Großschot, Fockschot (oder Vorschot) und Spinnakerschot.

• *Reffleinen*
Sie dienen zum Reffen von Groß- und Vorsegel.

• *Dirk*
Sie ist eine Leine, die vom Ende des Großbaums zur Mastspitze (zum Masttopp) führt und den Großbaum hält, wenn das Segel geborgen ist.

• *Baumniederholer* (Abb. 13)
Er soll das Steigen des Großbaums bei achterlichem Wind verhindern und hat die Form einer Talje (s. S. 24 ff.), die häufig mit einem metallenen Hebelarm verbunden ist.

• *Bullenstander*
Hierbei handelt es sich um eine Leine, die vom Ende des Großbaums zu einer Klampe oder einem Block auf dem Vorschiff führt und ein unbeabsichtigtes Übergehen des Großbaums verhindern soll; der Bullenstander wird bei achterlichem Wind und voll gefiertem Großsegel angeschlagen.

Abb. 13
Baumniederholer mit Hebelarm (oben)
und Talje (unten)

Die Segel
Die bekanntesten Segelarten, denen man bei Segelyachten und Segelschiffen begegnet, sind:
- *Hochsegel* (Abb. 14)
das heute übliche Großsegel bei slup- und ketschgetakelten Yachten

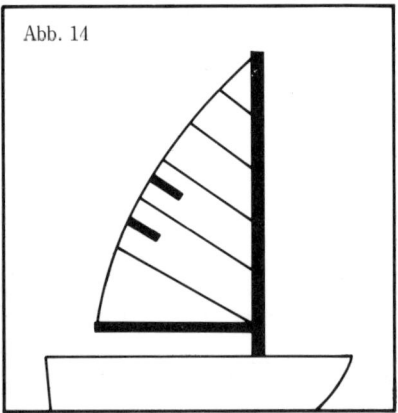

Abb. 14

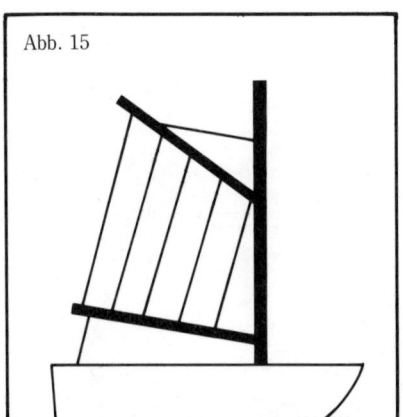

Abb. 15

- *Gaffelsegel* (Abb. 15)
bei Segelkuttern zu finden

- *Rahsegel* (Abb. 16)
bei großen Segelschiffen vorherrschend

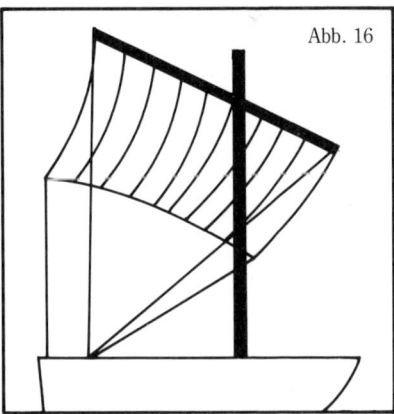

Abb. 16

Die einmastige Slup als der am meisten gefahrene Yachttyp hat:
- *ein Großsegel*
Hochsegel, das am Mast gefahren wird;
- *verschiedene Vorsegel (Focksegel)*
vor dem Mast am Vorstag gefahrene Segel, von ihrer Größe her unterteilt in Sturmfock, Arbeitsfock und Genua. Sofern eine Rollfockeinrichtung vorhanden ist, wird meist nur die Genua angeschlagen und bei Starkwind oder Sturm entsprechend gerefft;
- *mehrere Beisegel (Leichtwettersegel)*
bei einer Fahrtenyacht wird entweder ein Spinnaker (mit Baum) oder ein Blister (ohne Baum, aber mit Bergesack) verwendet. Ein Blister ist ein spinnakerähnliches Segel, doch flacher geschnitten und meist 20 bis 30 Prozent kleiner.

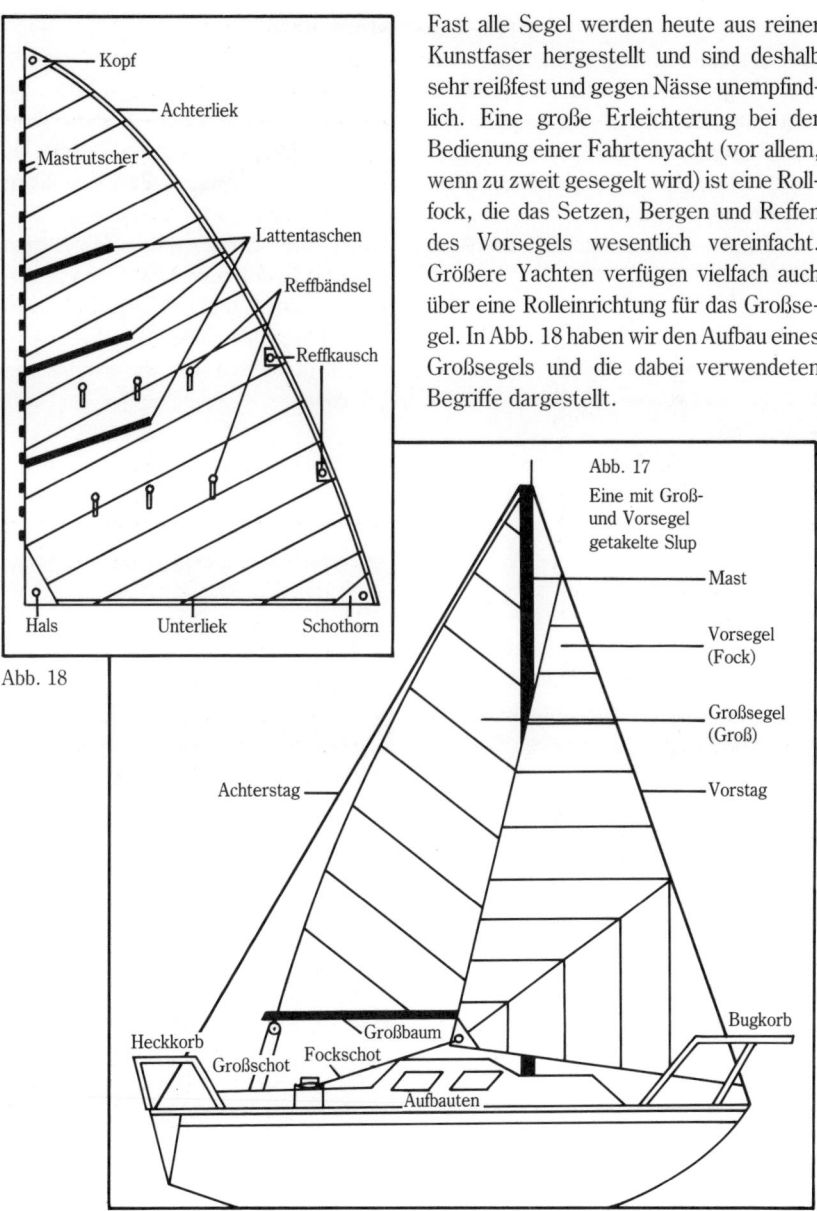

Fast alle Segel werden heute aus reiner Kunstfaser hergestellt und sind deshalb sehr reißfest und gegen Nässe unempfindlich. Eine große Erleichterung bei der Bedienung einer Fahrtenyacht (vor allem, wenn zu zweit gesegelt wird) ist eine Rollfock, die das Setzen, Bergen und Reffen des Vorsegels wesentlich vereinfacht. Größere Yachten verfügen vielfach auch über eine Rolleinrichtung für das Großsegel. In Abb. 18 haben wir den Aufbau eines Großsegels und die dabei verwendeten Begriffe dargestellt.

Kopf
Achterliek
Mastrutscher
Lattentaschen
Reffbändsel
Reffkausch
Hals   Unterliek   Schothorn

Abb. 18

Abb. 17
Eine mit Groß-
und Vorsegel
getakelte Slup

Mast

Vorsegel
(Fock)

Großsegel
(Groß)

Achterstag

Vorstag

Heckkorb
Großschot
Fockschot
Großbaum
Aufbauten
Bugkorb

23

Ausrüstung und Beschläge

Zum Betrieb einer Segelyacht gehören zahlreiche Ausrüstungsgegenstände und Beschläge, wie wir sie an allen Stellen auf Deck finden; sie dienen vielfältigen Verwendungszwecken. Zu Gruppen zusammengefaßt handelt es sich um:

- *Tauwerk*
  unterteilt in Draht- und Fasertauwerk
- *Taljen und Blöcke*
- *Beschläge*
  Schäkel, Fockschot-Leitschiene, Traveller, Winschen und Klampen
- *Anker und Ankergeschirr*
- *Beiboot*

Tauwerk
Tauwerk ist eine Sammelbezeichnung für alle an Bord benutzten Leinen; dünne Leinen werden als Takelgarn oder Bändsel, besonders dicke Leinen Trossen genannt.
Nach dem verwendeten Material unterscheiden wir:

- *Drahttauwerk*
  nichtrostender Stahl für Stagen, Wanten und als Vorläufer für Fallen
- *Fasertauwerk*
  Tauwerk aus Baumwolle für die Schoten, aus Kunstfasern (Polyester, Polyamid, Polypropylen) für die Fallen, Festmacher, Schleppleinen und Trossen. Fasertauwerk ist geschlagen oder geflochten. Jedes abgepaßte Stück

einer Leine nennen wir ein Ende, die beiden »Endstücke des Endes« Tampen; kurze Leinen werden ebenfalls als Tampen bezeichnet. Für eine klare Verständigung an Bord sollten alle Leinen mit ihrem speziellen Namen benannt werden, also Fall, Schot, Dirk, Festmacher (oder Festmacherleine) und Flaggleine heißen. Die Endstücke an beiden Seiten sind, wie erwähnt, die Tampen.

Taljen und Blöcke
Eine Talje ist eine Kombination von Tauwerk und zwei Blöcken. Sie arbeitet nach

Abb. 19 Großschot-Talje mit 2 Dreifachblöcken

dem Prinzip eines Flaschenzuges und erleichtert die Arbeit an Bord dort ganz wesentlich, wo eine erhebliche Zugkraft erforderlich ist. Taljen finden wir auf Segelyachten zum Beispiel beim Baumniederholer und bei der Großschot (als Verbindung zwischen Großbaum und Traveller); sie sind jeweils mit zwei Mehrfachblöcken verbunden, wie in Abb. 19 dargestellt.

Beschläge
Beschläge sind an Bord in vielgestaltiger Form vorhanden. Die wichtigsten sind:

- *Schäkel* (Abb. 20)
  Ein Schäkel dient als Verbindungsstück zwischen Segeln, dem stehenden oder dem laufenden Gut. Muß eine Verbindung schnell hergestellt und wieder gelöst werden, so verwendet man statt des normalen Schraubschäkels einen Schnappschäkel.

- *Rutscher* (Abb. 21)
  Rutscher sitzen auf den beiden Fockschot-Leitschienen (je eine Backbord und Steuerbord); durch ihre Leitösen läuft die Vorschot.

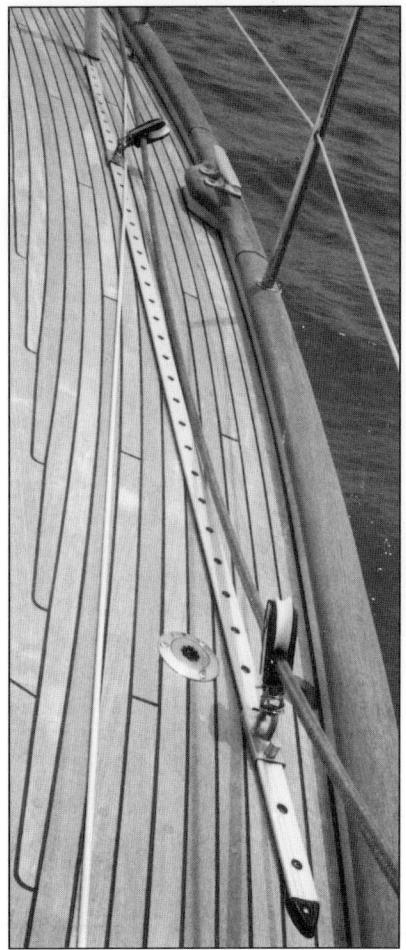

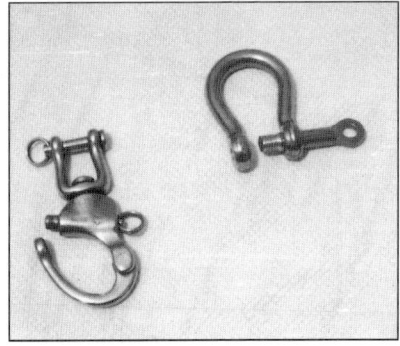

Abb. 20   Schraubschäkel (rechts),
Schnappschäkel (links)

Abb. 21
Fockschot-Leitschiene mit 2 Rutschern

25

- *Traveller* (Abb. 22)
  Je nach Yachttyp ist die Traveller-schiene am vorderen oder achteren Ende des Cockpits montiert. Auf ihr wird der Traveller (die Laufkatze), in Abhängigkeit vom richtigen Trimm des Großsegels, hin- und hergeschoben. Am Traveller selbst ist der untere Block (der Fußblock) der Großschot-Talje befestigt.

Abb. 22 Großschot-Traveller

- *Winsch* (Abb. 23)
  Winschen dienen zum Dichtholen von Fallen, Leinen und Schoten. Hierbei wird die zu holende Part (das ist der lose Tampen) mit zwei oder drei Törns rechts herum im Uhrzeigersinn um die Winschtrommel gelegt und mit Hilfe der Winschkurbel dichtgeholt. Ist die Winsch selbstholend, braucht man den losen Tampen nicht mit der Hand fest-zuhalten, sondern drückt ihn einfach in die Klemmscheibe der Winsch. Sofern nach dem Dichtholen ein zu großer Druck auf Fall, Leine oder Schot liegt, sollte man die lose Part zusätzlich auf einer Klampe belegen, damit sie nicht unbeabsichtigt aus der Klemmscheibe rutschen kann.

Abb. 23
Fockschot-Winsch mit Kurbel (selbstholend)

- *Klampe* (Abb. 24)
  Klampen, die an verschiedenen Stellen auf Deck und Aufbauten angebracht sind, dienen zum Belegen von Fallen, Schoten und Festmachern. Hierbei kommt es auf die richtige Belegung des Endes an.

Abb. 24 Klampe

Anker und Ankergeschirr

Um eine Segelyacht sicher am Meeresboden festzuhalten, braucht man einen Anker und das dazugehörige Ankergeschirr. Geankert wird nicht nur in verträumten Ankerbuchten, sondern auch in manchen Häfen (Anlegen vor Heck mit Buganker). Ist eine Yacht manövrierunfähig und treibt auf die Küste oder eine Untiefe zu, so muß ebenfalls Anker geworfen werden.

Es gibt nun eine Reihe von Ankertypen (und eine Vielzahl von Meinungen, welcher der beste ist). Unserer Erfahrung nach überwiegen auf mittelgroßen bis großen Segelyachten:

- *Pflugschar- oder CQR-Anker*
  (Abb. 25) als Hauptanker; an seine Stelle tritt bei manchen Yachten ein Danforth- oder Bruce-Anker. Alle drei Ankertypen sind einfach zu handhaben und haben sich in der Praxis bewährt.

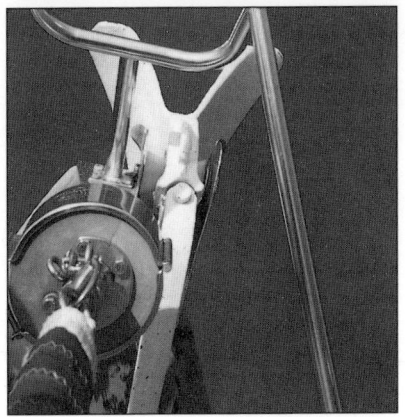

Abb. 25 Pflugscharanker (auf der Bugrolle)

- *Stock- oder Admiralitätsanker* (Abb. 26) als Notanker; ein solcher Anker ist nicht nur sehr schwergewichtig, sondern wegen seiner ausladenden Form auch schlecht zu handhaben. Aus diesem Grund wird er meist nur dann benutzt, wenn der Hauptanker bei stark verkrautetem Ankergrund oder bei Starkwind nicht hält.

Abb. 26

Zum Ankergeschirr gehören:

- *Ankerkette oder -leine*
  Für einen Hauptanker mit 20 bis 30 kg Gewicht benötigt man eine Ankerkette, die 40 Meter oder länger und mindestens 8 mm stark sein muß. Leichtere Anker kommen dagegen mit einer Ankerleine aus, die meist durch einen Kettenvorlauf verstärkt ist
- *manuelle Ankerwinde*
  oder elektrische Ankerwinsch
  Je nach Ankergewicht und Bedienungskomfort ist auf dem Bug eine manuelle

27

Ankerwinde oder elektrische Ankerwinsch zum Holen des Ankers vorhanden; zu beachten ist, daß eine elektrische Ankerwinsch eine Menge Strom und deshalb oft eine zusätzliche Batterie benötigt.

- *Kettenführung, Ankersicherung und Ankerkasten*
Die Ankerkette wird vom Ankerkasten durch ein Fuhrungsrohr (die Ankerklüse) über die Ankerwinde oder -winsch zum Anker geführt, der auf einer Rolle am Bug lagert. An Bord muß der Anker gesichert sein, damit er sich nicht unbeabsichtigt aus seiner Halterung lösen kann.

- *Reitgewicht* (Abb. 27)
Ein solches Reitgewicht (im Handel erhältlich oder selbst aus Blei gegossen) gleitet mit Hilfe eines Reitschäkels und einer Fangleine die Ankerkette hinab und hält diese auf dem Ankergrund fest: dadurch wird die Haltefähigkeit des Ankers wesentlich erhöht. Bewährt hat es sich auch, einen leichtgewichtigen Zweitanker (z. B.

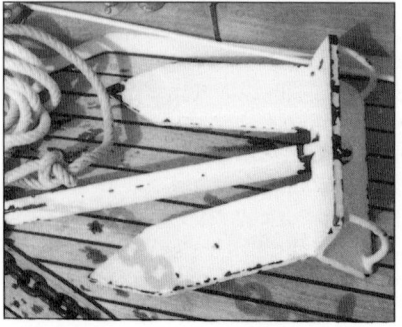

Abb. 27 Danforth-Anker (als Reitgewicht)

10 kg), wie in Bild 27 dargestellt, als Reitgewicht zu verwenden; genauso wie der Hauptanker gräbt sich auch der Zweitanker in den Meeresboden ein.

Das Beiboot
Leider bietet sich nur bei einer größeren Yacht die Möglichkeit, ein festes Beiboot (Dingi oder Tender genannt) mit Hilfe von Davits (kranartige Vorrichtungen) am Heck zu stauen. Kleine und mittelgroße Yachten müssen sich mit einem Schlauchboot (Abb. 28) begnügen, das mal aufge-

blasen hinterhergeschleppt, mal unaufgeblasen an Deck oder in der Backskiste gestaut wird. Ein Schlauchboot sollte mit einer im Handel erhältlichen Emulsion geschützt und von Zeit zu Zeit auf Lecks untersucht werden. Beim Nachschleppen muß das Schlauchboot gut befestigt und kurz angeleint sein, um die Bremswirkung so gering wie möglich zu halten. Wer viel in Ankerbuchten und außerhalb von Häfen liegt, der kommt – zur schnelleren und weniger mühsamen Versorgung – nicht um einen für den Bootstyp geeigneten Außenbordmotor herum.

Safety first!

Sicherheit ist jederzeit oberstes Gebot. An Bord muß alles getan werden, damit kein Besatzungsmitglied zu Schaden kommt. Vorsorge ist aber nicht nur gegen schwere Unfälle zu treffen (Havarie, Mann über Bord, Feuer, Aufgabe der Yacht), auch leichtere Verletzungen und Krankheiten können auftreten und müssen behandelt werden. Die Sicherheitsmaßnahmen an Bord erfordern eine umfangreiche (leider auch kostspielige) Ausrüstung und eine ausreichende Erfahrung im Umgang mit ihnen: Skipper und Besatzungsmitglieder müssen mit den vorhandenen Sicherheitseinrichtungen vertraut sein. Hierzu gehört auch, daß die Sicherheitsmaßnahmen (Beispiel: Mann-über-Bord-Manöver) sooft wie möglich geübt werden.

Als wesentliche Hilfe für die Sicherheit an Bord empfehlen wir die Broschüre »Sicherheitsrichtlinien, Internationale und nationale Richtlinien für die Ausrüstung und Sicherheit seegehender Segelyachten«, unterteilt nach Seegebieten, herausgegeben von der Kreuzer-Abteilung des Deutschen Seglerverbandes e. V. (DSV). Sie ist auch für Nichtmitglieder erhältlich und sollte unbedingt zur Bordliteratur gehören. Das Hauptkapitel über die Sicherheit an Bord ist gegliedert in:

● Erste Hilfe
● Feuer an Bord
● Mann über Bord
● Aufgabe der Yacht
● Sonstige Sicherheitsausrüstung und -maßnahmen

Erste Hilfe

Die Bordapotheke
Je nach Fahrtgebiet (Inland/Ausland, Küstengewässer/Hochsee) und Fahrtdauer sollten unterschiedliche Mengen und Arten von Medikamenten und Verbandsmaterial an Bord sein. Es ist anzuraten, die Yacht nach den Empfehlungen der Kreuzer-Abteilung (vgl. Sicherheitsrichtlinien, a. a. O., Anhang 6) auszurüsten. Die dort genannten Medikamente können teils frei, teils nur gegen Rezept erworben werden.
Medikamente an Bord sind kühl und trocken zu lagern, wozu sich am besten im Handel erhältliche, wasserdichte Plastik-

behälter eignen. Eine anzulegende Medikamentenliste sollte nach Krankheiten und Verletzungen geordnet sein. Die vorhandenen Medikamente sind dann entsprechend dieser Liste deutlich zu numerieren, damit sie im Notfall schnell auffindbar sind. Außerdem ist auf das Verfalldatum der einzelnen Medikamente zu achten und rechtzeitig Ersatz zu beschaffen.

Erste-Hilfe-Maßnahmen
Nicht nur der Skipper sollte in der Lage sein, bei Verletzung und Krankheit erste Hilfe zu leisten (Grundkenntnisse sind Voraussetzung für den Erwerb der

Führerscheine des DSV); auch für Mitsegler sind solche Grundkenntnisse von Vorteil – oder können bei Ausfall des Skippers sogar lebensnotwendig werden. Erste-Hilfe-Maßnahmen erstrecken sich auf Unfallbehandlungen (Prellungen, Quetschungen, Brüche, Schnittwunden) und enthalten den Umgang mit Medikamenten. Sofern solche Grundkenntnisse nicht vorhanden sind, empfehlen wir das Studium einer Erste-Hilfe-Broschüre.

Besonders häufige Erkrankungen an Bord sind Seekrankheit, Hitzeerkrankungen (Hautverbrennungen, Hitzschlag, Sonnenstich) und kleinere Verletzungen. Folgende Maßnahmen sind zu ergreifen bei:

- *Seekrankheit*
  - Vorsorge: Aufenthalt an Deck und Ablenkung durch Aufgaben, z. B. Einsatz als Rudergänger
  - Behandlung: Einnahme von Ingwerkapseln (z. B. Zintona) bei leichter Übelkeit. Einführen von Zäpfchen (z. B. Peremesin); Wirkung nach 1 bis 2 Stunden, Wirksamkeit 24 Stunden. Kleben eines Pflasters hinters Ohr (z. B. Scopoderm TTS, ein Scopolamin-Präparat); Wirkung nach 5 bis 6 Stunden, Wirksamkeit 72 Stunden (wegen Nebenwirkungen Beipackzettel beachten!).

- *Hitzeerkrankungen*
  - Vorsorge: entsprechende Bekleidung, Kopfbedeckung, Schutz unter Sprayhood, Sonnenschutzcreme.
  - Behandlung: Kleidung entfernen, Aufsuchen eines schattigen Platzes, Medikamente aus der Bordapotheke.

- *Kleinere Verletzungen*
  - Vorsorge: besondere Aufmerksamkeit bei allen seemännischen Arbeiten, Tragen von Bordschuhen.
  - Behandlung: Verbandszeug bereithalten, Prüfung auf Knochenbruch.

Funkärztliche Beratung
(Medico-Gespräch)
Alle deutschen Küstenfunkstellen vermitteln eine funkärztliche Beratung (Einzelheiten siehe Yachtfunkdienst); sie ist teilweise auch im Ausland möglich. Vor Einholung des ärztlichen Rates sollte ein Fragebogen (vgl. Sicherheitsrichtlinien, a. a. O., Anhang 6) mit allen wichtigen Daten ausgefüllt sein, die dann per Funk durchgegeben werden.

Feuer an Bord

Feuerlöscher und Feuerlöschdecke
Feuerlöscher an Bord müssen amtlich geprüft und zugelassen sein. Sie sind vor Korrosion zu schützen und alle zwei Jahre zu warten. Nach den genannten Sicherheitsrichtlinien benötigt man »mindestens zwei gebrauchsfertige und leicht erreichbare, an voneinander getrennt geeigneten Stellen angebrachte« Feuerlöscher. Während ein Trockenlöscher für die Brand-

klassen ABC (brennbare, feste und flüssige Stoffe sowie Gase) geeignet sein muß, wird als zweiter ein HALON-Löscher empfohlen. Neben den Feuerlöschern sollte in der Nähe der Pantry eine Feuerlöschdecke bereitliegen, wie sie im Handel erhältlich ist. Mit ihr (ersatzweise eine nasse Wolldecke) kann ein entsprechender Brand wirkungsvoll erstickt werden.

Feuerbekämpfung
Nach der Seemannschaft[1] sind bei einem größeren Brand folgende Maßnahmen in der genannten Reihenfolge zu treffen:

- durch den Ruf »Feuer an Bord« die Crew alarmieren
- einen laufenden Motor abstellen und die Brennstoffleitungen schließen
- elektrische Leitungen vom Bordnetz trennen

- die Fahrt aus dem Boot nehmen oder einen solchen Kurs steuern, daß der Wind das Feuer von Bord wegtreibt
- alle Öffnungen schließen, um die Sauerstoffzufuhr zu unterbinden
- Feuerlöscher in den Wind, nicht gegen den Wind halten und das Feuer von unten her bekämpfen
- die Kleidung naß machen und ein nasses Tuch vor Mund und Nase binden
- Vorsicht vor giftigen Dämpfen bei Kunststoffentzündung
- Schaumstoffpolster (wegen Schwelbrand) über Bord werfen
- die Rettungsinsel aus dem feuergefährlichen Bereich entfernen
- brennende Kleidung nicht mit Feuerlöscher, sondern mit Decke (oder durch Überbordspringen) löschen
- die Yacht nicht zu früh aufgeben

Mann über Bord

Sicherheitsausrüstung
Für die Sicherheit an Bord ist es unerläßlich, daß jedes Besatzungsmitglied eine persönliche Sicherheitsausrüstung besitzt (vgl. Abb. 29, S. 32), bestehend aus:

- *Sicherheitsgurt* nach DIN 7925
- *Sicherheitsleine* nach DIN 7927 (Für beide vergleiche die genannten Sicherheitsrichtlinien, a. a. O., Anhang 1.)

---

[1] Seemannschaft, Handbuch für den Yachtsport. Herausgegeben vom Deutschen Hochseesportverband »Hansa« e.V., 19. Auflage, Delius Klasing Verlag, Bielefeld, 1985, Seite 270–271

- *Rettungsweste* entsprechend den »Richtlinien für die Herstellung und Prüfung von Rettungswesten für die Sportschiffahrt«; diese muß ohnmachtssicher sein und wird durch Seewasser oder durch Handauslösung mit Hilfe von CO_2-Patronen aufgeblasen.

Abb. 29
Sicherheitsgurt, Rettungsweste und Sicherheitsleine

Die persönliche Sicherheitsausrüstung muß stets griffbereit liegen, beispielsweise in der Backskiste. Sie sollte bei schlechtem Wetter (Windstärke größer 4 und/oder grobe See) sowie grundsätzlich nachts angelegt werden. Handläufe auf den Aufbauten, Sorgleinen (an Deck oder Kajütaufbau befestigt) und Augbolzen sind neben Wanten und Stagen die besten Stellen zum Einpicken der Sicherheitsleine; wie erwähnt sind die Relingsdrähte hierzu nicht geeignet. Für alle Rettungswesten müssen Ersatzpatronen an Bord sein.

Mann-über-Bord-Manöver
Neben Feuer und Aufgabe der Yacht handelt es sich um den schwerwiegendsten Unfall, wenn ein Crewmitglied beim Segeln über Bord fällt. Für den Fall, daß der Skipper selbst über Bord geht, liegt die ganze Verantwortung für das Rettungsmanöver bei einem mitsegelnden Besatzungsmitglied. Folgende – auf Mitsegler zugeschnittene – Maßnahmen sollten bei einem Mann-über-Bord-Manöver in der genannten Reihenfolge ablaufen:

- Ruf »Mann über Bord!«
- Sofort Rettungsschwimmkörper (Abb. 30) über Bord werfen (Rettungsschwimmkörper sollten aus Feststoff und ohnmachtssicher sowie mit einer Blinkboje versehen sein; sie sind, leicht lösbar, am Heckkorb befestigt).

- Ein Crewmitglied darf den Schwimmenden nicht aus den Augen verlieren
- Gegenkurs (um 180 Grad versetzt) vom Kompaß ablesen und einprägen
- Ruder nach Luv legen, in den Wind gehen und, sofern die Segel gesetzt sind, die Großschot dicht holen, gleichzeitig die Vorschot loswerfen
- Motor starten
- Unter Motor auf den am Kompaß abgelesenen Gegenkurs gehen
- Auf der Leeseite des Überbordgefallenen anlaufen, um einer Verletzung durch den Schiffsrumpf vorzubeugen
- Eine Leine (am besten die Großschot) zuwerfen
- Rettung über die Badeleiter am Heck (Achtung: Motor abstellen, Schraube darf sich nicht mehr drehen!)

Alle anderen, in Literatur und Praxis genannten, Manöver (zum Beispiel Wenden, Halsen oder Beidrehen) sind für Mitsegler zu kompliziert; Aufregung und Panik erschweren zudem die Rettung.

Sofern sich ein solcher Unfall nicht bei Starkwind oder Sturm ereignet, besteht auch für den Mitsegler eine gute Chance, den Überbordgefallenen sicher zu bergen. Sehr wichtig ist, daß das Mann-über-Bord-Manöver (mit Hilfe einer Boje oder eines Fenders) öfter und unter Verantwortung des Mitseglers geübt wird. Für Nachtfahrten werden im Handel Armbänder mit Blitzlicht (engl. signal flash) angeboten, deren Blitze bis zu 3,5 km weit zu sehen sind.

Aufgabe der Yacht

Schießen von Seenotsignalen
Die Aufgabe einer Yacht ist der schlimmste Notfall auf See. Sei es durch Feuer, das die Crew nicht löschen kann, sei es durch ein nicht mehr abzudichtendes Leck: Die Crew muß die Yacht verlassen, sobald sie zu sinken droht, und in die Rettungsinsel gehen. Bevor dies aber geschieht, muß unbedingt versucht werden, Hilfe herbeizurufen; denn nur so kann die Rettungsinsel (Abb. 31) bald aufgefunden werden.

Abb. 31 Rettungsinsel

Ist ein anderes Schiff in der Nähe oder ein Flugzeug zu sehen, so wird man in einem solchen Falle Seenotsignale schießen. Es ist zu empfehlen, folgende Seenotsignale mitzuführen:

- 8 rote Fallschirmsignale
- 2 rote Handfackeln
- 2 schwimmfähige orangefarbene Rauchsignale

Diese Seenotsignale können im Handel frei erworben werden.

Falls eine Signalpistole an Bord ist (sie bedarf einer Waffenbesitzkarte – mit Eintragung der Signalpistole – und eines Munitionserwerbsscheins), empfiehlt die Kreuzer-Abteilung des DSV an Munition:

- 4 Schuß rote Fallschirmmunition
- 4 Schuß Einzelsterne rot
- 4 Blitz-Knall-Schüsse

Abb. 32
Signalpistole mit Seenotsignalkörpern

Signalpistole und Seenotsignale sind wasserdicht aufzubewahren und müssen im Notfall schnell griffbereit sein. Auch Mit-

segler sollten im Umgang mit Seenotsignalen vertraut sein, damit sie bei Ausfall des Skippers (aber nur dann!) im Notfall davon Gebrauch machen können. Damit Schiffs- oder Flugzeugbesatzungen sicher sein können, daß es sich um einen echten Notfall und keine Täuschung handelt, sollten immer zwei Signale kurz nacheinander abgeschossen werden. Besatzungsmitglieder fremder Schiffe, die ein Seenotsignal beobachten, sind nach internationalem Seerecht verpflichtet, zu Hilfe zu kommen, wenn Menschen in Gefahr sind. Sofern ein anderes Schiff in Seenot ist, darf man selbst Seenotsignale schießen, wenn der andere dazu nicht in der Lage ist und man selbst nicht in genügendem Umfang Hilfe leisten kann.

Absetzen einer Seenotmeldung

Ist kein anderes Schiff oder Flugzeug in der Nähe und die Yacht mit einer Sprechfunkanlage ausgerüstet (was sehr empfehlenswert ist), so wird man versuchen, Hilfe durch Absetzen einer Seenotmeldung herbeizurufen. Auch hier gilt, daß Mitsegler für den Fall eingewiesen werden, daß der Skipper ausfällt. Außerdem sollte direkt neben dem Funksprechgerät eine Tafel folgenden Inhalts angebracht sein:

1. Strom einschalten: Schalter Nr. _____
2. Funksprechgerät einschalten: Knopf VOLUME nach rechts drehen (Notkanal 16 ist automatisch gerastet)
3. Hörer abnehmen und Sprechtaste drücken

4. Seenotmeldung absetzen:

• *Notanruf*
  – Mayday Mayday Mayday
  – Hier ist ——————————
    (Schiffsname, dreimal gesprochen)
  – Rufzeichen ——————————
    (einmal buchstabiert)

• *Notmeldung*
  – Mayday
  – Schiffsname ——————————
    (einmal gesprochen)
  – Rufzeichen ——————————
    (einmal buchstabiert)
  – Position des Schiffes nach Breite und Länge
    (vom Navigationsgerät ablesen)
  – Kurze Beschreibung des Notfalls
  – Art der erbetenen Hilfe

• *Peilzeichen*
  – Sprechtaste zweimal etwa 10 Sekunden lang drücken
  – Schiffsname ——————————
    (einmal gesprochen)
  – Rufzeichen ——————————
    (einmal buchstabiert)
  – Over

Besonders wichtig für helfende Schiffe oder Flugzeuge ist die möglichst genaue Angabe der gegenwärtigen Schiffsposition. Sie kann, sofern mitgekoppelt worden ist, der Seekarte entnommen, besser aber vom Navigationsgerät (Decca, Loran, SatNav oder GPS) abgelesen werden.

Einsteigen in die Rettungsinsel
Viele Segelyachten sind heute mit einer Rettungsinsel ausgerüstet, die oftmals die letzte Überlebenschance bietet, wenn die Yacht aufgegeben werden muß. Im Hinblick auf Ausrüstung und Benutzung einer Rettungsinsel sind folgende Punkte zu beachten:

• *Ausrüstung der Rettungsinsel*
  – Die Insel sollte von einem erfahrenen Hersteller kommen, nach den geltenden Sicherheitsrichtlinien konstruiert und groß genug sein, um alle Personen an Bord aufnehmen zu können; sie ist alle zwei Jahre zu warten.
  – Inhalt und Ausrüstung der Rettungsinsel werden vom Hersteller festgelegt.
  – Der Container für die Insel muß einsatzbereit an Deck gestaut (am besten am Heckkorb oder Heckspiegel) und durch eine Fangleine gesichert sein.

• *Benutzung der Rettungsinsel*
  – Die Rettungsinsel sollte nur im äußersten Notfall benutzt werden, wenn die Yacht nicht mehr schwimmfähig ist.
  – Sofern genügend Zeit zum Einstieg in die Insel verbleibt, sollten persönliche Dokumente, Geld, Medikamente, Kleidung, Wasservorrat und Seenotsignale mitgenommen werden.

- Man wirft zunächst den Container über Bord, der dann nur noch durch die Fangleine mit der Yacht verbunden ist.
- Danach zieht man kräftig an der Fangleine: Der Container wird abgesprengt, und die Insel bläst sich automatisch auf.
- Ist die See ruhig, besteigt man die Insel über die Badeleiter der Yacht und den Einstieg der Insel.

Im anderen Falle muß man mit angewinkelten Beinen hineinspringen oder – was besonders schwierig ist – die Insel von See aus besteigen.
- Die Fangleine wird erst dann gekappt, wenn die Yacht endgültig zu sinken droht (eine Sollbruchstelle in der Fangleine verhindert, daß die Rettungsinsel mit der Yacht in die Tiefe gerissen wird).

Sonstige Sicherheitsausrüstungen und -maßnahmen

Andere Ausrüstungsgegenstände, die zusätzlich der Sicherheit an Bord dienen, sind:

- *Radarreflektor* (Abb. 33)
  Hierbei handelt es sich um ein Passiv-Radar, mit dessen Hilfe die Yacht von anderen Schiffen auf dem Radarbild gesehen wird. Ein solcher Reflektor muß aber, um wirksam zu sein, möglichst hoch – beispielsweise unterhalb der Saling oder besser auf dem Masttopp – angebracht werden. Sofern es sich um einen Metalloktaeder (Abb. 33) handelt, muß er mit einer seiner Flächen (nicht mit einer Spitze) nach oben zeigen.

Abb. 33
Radarreflektor
(unterhalb der
Steuerbord-Sailing)

- *Bootsmannsstuhl* (Abb. 34, Seite 37)
  Er dient für Reparaturen am und auf dem Mast und ist ein im Handel erhält-

licher Sitz aus fester Leinwand, vorn mit einem Auge zum Einschäkeln für den Großfall.

Abb. 34

● *Abschleppen*
Kann eine Segelyacht bei Maschinenausfall nicht mehr selbst einen Hafen oder Ankerplatz anlaufen, so muß sie abgeschleppt werden. Hierbei ist folgendes zu beachten:
– An Bord sollte zum Abschleppen eine ausreichend starke und lange (Schiffslänge mal 5) Schlepptrosse vorhanden sein; eine solche Trosse ist auch für andere Zwecke sinnvoll.
– Die Schlepptrosse wird beim Abschleppen über das Leitblech der Ankerrolle oder eine Lippklampe (sofern vorhanden) zum Mast geführt, mehrmals um den Mastfuß gelegt und (mit Hilfe einer Winsch oder Klampe am Mast) so befestigt, daß sie nicht nach oben rutschen kann.
– Damit die Schlepptrosse beim Anrucken nicht bricht, muß sehr vorsichtig angeschleppt werden.

– Es darf sich kein Besatzungsmitglied vor der Leinenbefestigung aufhalten, um nicht im Falle einer brechenden und zurückschnellenden Trosse verletzt zu werden.

● *Blitzschutzanlage*
Obwohl Blitzeinschläge in Segelyachten nicht sehr häufig sind, sollte man erwägen, seine Kunststoffyacht mit einem behelfsmäßigen Blitzschutz auszurüsten. Bei aufziehendem Gewitter werden dann an den Stagen und Wanten über Klemmvorrichtungen metallene Ableitungen aus Kupfer angeschlossen und außenbords ins Wasser gehängt.

Leider können hier nicht alle eventuell eintretenden Notfälle behandelt werden, aber zum Schluß möchte ich doch noch auf die Maßnahmen hinweisen bei:

● *Grundberührung*
Möglichkeiten, schnell wieder freizukommen, sind
– unter Maschine: Rückwärtsgang einlegen und Gas geben
– unter Segel: Ohne Ausbaumen (Großschot fieren und Vorsegel back holen), mit Ausbaumen (ein Besatzungsmitglied hangelt sich ans Ende des Großbaums; durch Krängung und Rückwärtsfahrt kommt man wieder frei)
– Mit Anker: Ausbringen eines Ankers nach Luv und Dichtholen der Ankerkette oder -leine mit Hilfe der Ankerwinde

Segeln kann jeder

Segeln ist leichter, als man denkt. Denn beim Segeln haben wir es nicht mit theoretischen Überlegungen zu tun, sondern mit dem Wind. Er allein beeinflußt mit Windrichtung und -stärke unseren Kurs und die Stellung der Segel. Von ihm hängt es ab, ob wir hoch am Wind, mit halbem, raumem oder achterlichem Wind segeln. Und er bestimmt, ob wir unser Ziel mit vollen oder gerefften Segeln ansteuern.

In diesem Hauptkapitel wollen wir nicht nur diejenigen Aktivitäten beschreiben, die der Segelei unmittelbar dienen. Auch alle anderen Aufgaben, die dem eigentlichen Segeln vor- und nachgelagert sind, werden hier dargestellt. Wir haben alle Tätigkeiten in der Reihenfolge gegliedert, wie sie üblicherweise an einem Segeltag nacheinander ablaufen:

● An- und Ablegen
● Steuern
● Fahr- und Ausweichregeln auf See
● Segel setzen, reffen und bergen
● Segeln in der Praxis
● Richtig ankern
● Aufschießen, Belegen, Knoten

An- und Ablegen

An- und Ablegemanöver sind meist weniger schwierig, als sie in der Praxis aussehen – sofern Skipper und Mitsegler eingespielt sind und die Grundregeln beherrschen. Da eine Fahrtenyacht normalerweise nicht unter Segel an- oder ablegt, wollen wir das An- und Ablegen nur mit Motorkraft beschreiben.

Anlegemanöver
● *Vorbereitung*
  Bootshaken zurechtlegen, Festmacherleinen anschlagen (zweimal am Bug oder zweimal am Heck oder je einmal am Bug und Heck – abhängig davon, ob mit Bug oder mit Heck oder seitwärts angelegt wird), Fender an beiden Seiten der Reling befestigen, Anlegemanöver zwischen Skipper und Mitsegler absprechen

● *Anlegen vor Bug oder Heck mit Muringleine*
  Sofern fremde Hilfe an Land vorhanden ist, Festmacherleine richtig (Abb. 35) und nicht zu früh werfen; ist keine Hilfe verfügbar, mit (belegter!) Leine an Land springen. Um später schneller und leichter ablegen zu können, sollten Festmacherleinen nicht an Land, sondern an Bord belegt werden. Wird doch einmal an Land belegt, so sind am Poller ein (fester) Webeleinstek oder ein Palstek (mit Auge) zu machen (vgl. Knoten). An einem Ring wird ein doppelter Rundtörn mit zwei halben Schlägen gemacht.
  Beim Anlegen vor Bug wird die Muringleine (auch Grundleine genannt) am Heck, beim Anlegen vor Heck am Bug belegt.

Abb. 35
Richtiges Werfen einer Festmacherleine

● *Seitwärts anlegen*
Seitlich wird immer gegen den Wind oder Strom angelegt: Festmacherleinen auf der Anlegeseite vorn und achtern vorbereiten. Nach dem Festmachen werden zusätzlich eine Vor- und Achterspring vom Bug bzw. Heck zu einem Poller oder Ring in Mittschiffshöhe angebracht, damit das Boot parallel zum Kai oder Steg liegenbleibt. Liegt die Yacht im Päckchen, sollte man sie in Wind- oder Stromrichtung zusätzlich mit einer langen Leine an Land sichern.
Abb. 36 zeigt die verschiedenen Anlegemanöver noch einmal in schaubildlicher Darstellung.

● *Anlegen vor Heck mit Buganker*
Hierbei wird die Yacht 2 bis 3 Schiffslängen vor dem Liegeplatz mit dem Bug zum freien Wasser gedreht. Ist sie in der gewünschten Position, läßt man den Anker fallen und fiert die Ankerkette bei gleichzeitig langsamer Rückwärtsfahrt. Kurz bevor das Heck (durch einen dicken Fender gesichert) den Kai oder Steg erreicht, wird das Fieren der Ankerkette gestoppt. In diesem Augenblick springt ein Besatzungsmitglied mit den Festmacherleinen an Land und belegt sie.

Abb. 36

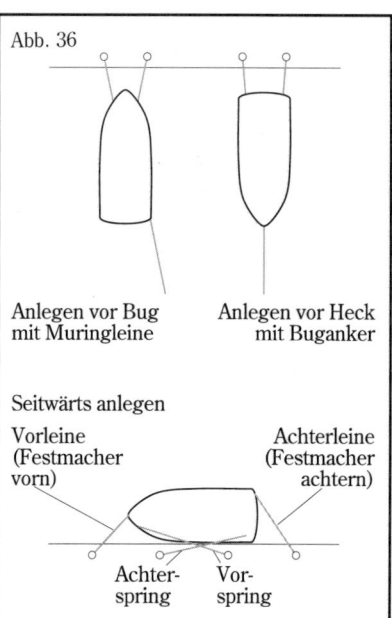

Anlegen vor Bug
mit Muringleine

Anlegen vor Heck
mit Buganker

Seitwärts anlegen

Vorleine
(Festmacher
vorn)

Achterleine
(Festmacher
achtern)

Achter-
spring

Vor-
spring

Ablegemanöver
- *Vorbereitung*
  Bootshaken zurechtlegen, Ablegemanöver zwischen Skipper und Mitsegler absprechen
- *Ablegen mit Muringleine*
  Festmacherleinen lösen (zuerst in Lee, danach in Luv). Durch den Zug der noch belegten Muringleine bewegt sich das Schiff vom Anlegeplatz weg. Anschließend Muringleine von der Klampe lösen und ins Wasser fallen lassen. Erst dann langsame Fahrt mit Motor aufnehmen.
- *Ablegen mit Buganker*
  Festmacherleinen (zuerst in Lee, danach in Luv) lösen, Yacht durch Holen der Ankerkette ins freie Wasser ziehen, Anker auf und Fahrt voraus
- *Seitwärts ablegen*
  Vor- und Achterspring lösen; danach Festmacherleine zuerst in Lee (norma-lerweise achtern) und dann in Luv losmachen, vorsichtig abstoßen und Fahrt aufnehmen

Nach dem Ablegen werden die Festmacherleinen aufgeschossen und zusammen mit den Fendern – am Heckkorb oder einem anderen Platz – sorgfältig gestaut (Abb. 37).

Steuern

Abgesehen vom manuellen Steuern nach Sicht (beispielsweise auf einen Leuchtturm oder ein Kap zu), kann man eine Segelyacht auf folgende Weise steuern:

- manuell nach Kompaß
- manuell nach Windanzeige
- automatisch mit Hilfe einer Windselbststeueranlage oder eines Autopiloten

Steuern nach Kompaß (Abb. 38)
Fährt die Yacht mit Motor oder unter Segel, so kann sie manuell nach einem –

meist in der Steuersäule integrierten – Kompaß gesteuert werden. Der ermittelte Steuerkurs wird dem Rudergänger vom Skipper oder Navigator vorgegeben.

Ist ein Steuerkurs zu ändern oder wegen Abweichung vom Kurs zu korrigieren, so muß der Rudergänger

• das Steuerrad nach rechts drehen, wenn ein größerer Kurs und nach links, wenn ein kleinerer Kurs gesteuert werden soll.

• Änderungen und Korrekturen langsam und gefühlvoll vornehmen, weil eine Yacht aufgrund ihres hohen Ballastanteils mit Verzögerung und Nachdrehen reagiert. Schon vor Erreichen des neuen Kurswertes muß die Drehbewegung des Steuerrades gestoppt und das Steuer wieder etwas zurückgedreht (gegengesteuert) werden.

Steuern nach Windanzeige

Ist die Yacht (wie heute meist üblich) mit einer Windmeßanlage ausgerüstet, so läßt sich die Windanzeige im Cockpit auch zum Steuern benutzen. Eine solche Anlage besteht aus dem, im Masttopp angebrachten, Meßgerät, einem kleinen Computer für Umrechnungsaufgaben und der genannten Windanzeige im Cockpit (Abb. 39). Da für die Berechnung des wahren (wirklichen) Windes die Fahrtgeschwindigkeit benötigt wird, ist das Gerät noch mit dem Fahrtmesser (Sumlog) der Yacht gekoppelt.

Wie in Abb. 40 dargestellt, nennt uns die Windanzeige während der Fahrt laufend folgende Werte:

• den scheinbaren Windwinkel
• den wahren Windwinkel und
• die scheinbare Windstärke

Abb. 40

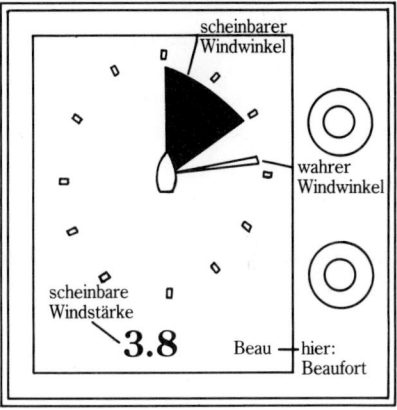

Beispiel: Windrichtung
Scheinbarer Wind von Stb. = 60°
Wahrer Wind von Stb. = 80°
(1 Teilstrich = 30°)
Windstärke in Beaufort = 3,8 Beau

Abb. 39
Steuern nach Windanzeige (links)

Daß wir es beim Segeln mit dem scheinbaren Windwinkel und der scheinbaren Windstärke (und nicht mit den wirklichen Werten) zu tun haben, hängt allein mit dem Fahrtwind zusammen. Erinnern wir uns: Selbst bei völliger Windstille entsteht Wind (nämlich Fahrtwind), sobald sich ein Fahrzeug (Fahrrad, Auto und auch Boot) in Bewegung setzt. Wahrer (wirklich herrschender) Wind und Fahrtwind zusammen ergeben den scheinbaren Wind, angezeigt mit scheinbarem Windwinkel und scheinbarer Windstärke. Hierbei ist der Windwinkel derjenige Winkel, mit dem der Wind auf das Schiff (genauer: auf die Längsachse des Schiffes) trifft. Im Beispiel unserer Abb. 40 trifft der Wind von vorn rechts (in der Seemannssprache: von Steuerbord voraus) auf das Schiff, und zwar mit einem Winkel von 60 Grad (1 Teilstrich der Windanzeige entspricht 30 Grad). Die (scheinbare) Windstärke beträgt in unserem Beispiel 3,8 Beaufort (abgekürzt Beau oder Bft). Will man höher an den Wind herangehen, so luvt man an (im Beispiel der Abb. 40: Man dreht das Steuerrad etwas nach links), möchte man weiter vom Wind weggehen, so fällt man ab (im Beispiel der Abb. 40: Man dreht das Steuerrad etwas nach rechts). Im ersten Fall wird der scheinbare Windwinkel kleiner (der Wind fällt spitzer zur Schiffslängsachse ein), im zweiten Fall größer, weil der Wind jetzt flacher auf das Schiff trifft. Natürlich kann nur so weit angeluvt werden, wie noch Wind in die Segel fällt; ein zu kleiner Wind-winkel würde den Wind aus den Segeln und damit die Fahrt aus dem Schiff nehmen.

Selbststeueranlagen

Nicht nur Einhandsegler brauchen eine Selbststeueranlage; auch für jede Crew ist eine solche Anlage bei stundenlangen, eintönigen Steuerkursen sowie vor allem nachts von großem Wert. Kleinere Yachten verwenden meist eine Wind-Selbststeueranlage, die unabhängig vom elektrischen Strom arbeitet: Eine am Heck angebrachte Windfahne hält einen gleichbleibenden Winkel zum Wind und steuert so die Yacht – vorausgesetzt, daß Wind weht und die Yacht unter Segel läuft.

Beliebter und komfortabler sind – stromverbrauchende – Autopiloten, die den gewählten Kurs mit Hilfe einer elektronischen Steuerung, eines Elektromotors und einer mechanischen oder hydraulischen Einrichtung auf Steuerrad oder Ruderpinne übertragen; Kursabweichungen werden automatisch korrigiert. Häufig sind Autopiloten noch mit einer »Tochter-Steuerung« ausgestattet, mit deren Hilfe man Kurseinstellung und -änderung auch im Cockpit vornehmen kann (während das elektronische Steuergerät, gegen Seewasser geschützt, unter Deck angebracht ist).

Fahr- und Ausweichregeln auf See

Sie sind für den Bereich der hohen See in international gültigen Kollisionsverhütungsregeln – KVR – festgelegt.

Fahrregeln
Sie enthalten folgende Vorschriften:
* Um bei Gefahr rechtzeitig anhalten

oder ausweichen zu können, ist mit sicherer Geschwindigkeit zu fahren.

- In Verkehrstrennungsgebieten (in den Seekarten eingezeichnet) ist, wie auf Autobahnen, jeweils rechts außen zu fahren und links zu überholen; Maschinenfahrzeuge haben hier Vorfahrt vor Segelyachten.
- Kollisionsgefahr mit einem anderen Schiff besteht dann, wenn dieses ständig im gleichen Winkel gepeilt wird.
- Ein Ausweichmanöver muß rechtzeitig und entschlossen ausgeführt werden.
- Ein nicht ausweichpflichtiges Fahrzeug muß seinen Kurs und seine Geschwindigkeit beibehalten.
- Erfahrung in der Praxis: Gehe, auch wenn Du Vorfahrt hast, dicken Pötten und Fischdampfern möglichst aus dem Weg!

Ausweichregeln
Bei den Ausweichregeln ist zu beachten, daß eine Segelyacht unter Motor – auch wenn sie gleichzeitig Segel gesetzt hat – als Maschinenfahrzeug gilt.

- *Maschinenfahrzeuge*
  Ein Maschinenfahrzeug muß manövrierunfähigen und -behinderten sowie fischenden und segelnden Fahrzeugen ausweichen.   Maschinenfahrzeuge untereinander weichen wie folgt aus (Abb. 41): Bei entgegenkommenden Fahrzeugen weicht jeder nach rechts (nach Steuerbord) aus, bei sich kreuzenden Fahrzeugen gilt – wie im Straßenverkehr – rechts vor links (Steuerbord vor Backbord).

Abb. 41
Ausweichregeln für Maschinenfahrzeuge

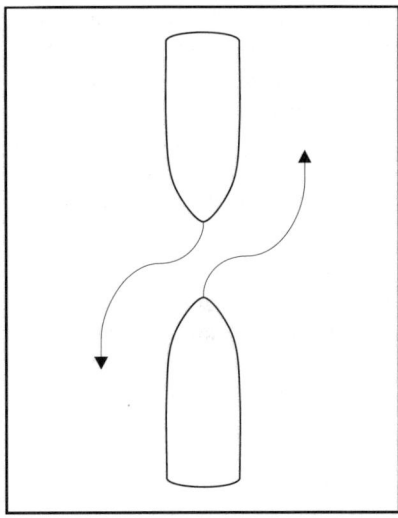

Bei entgegenkommenden Fahrzeugen weicht jeder nach rechts aus.

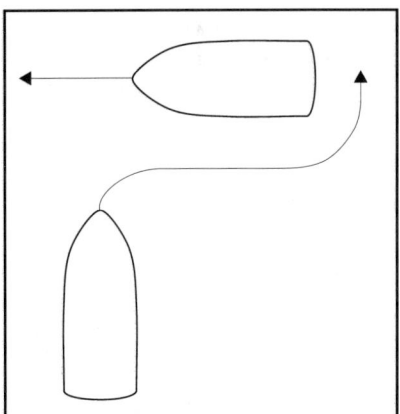

Bei sich kreuzenden Fahrzeugen gilt rechts vor links.

43

● *Segelfahrzeuge (unter Segel)*
Ein Segelfahrzeug muß manövrierunfähigen und -behinderten sowie fischenden Fahrzeugen ausweichen. Segelfahrzeuge untereinander weichen wie
folgt aus (Abb. 42):

Ausweichregeln für Segelfahrzeuge

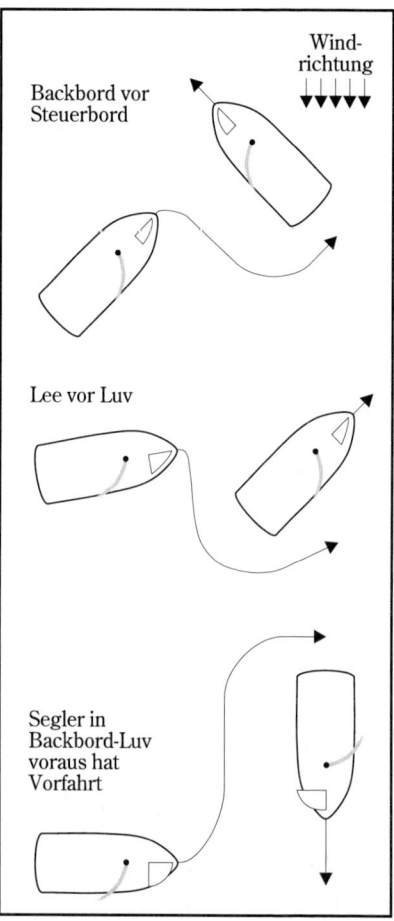

Abb. 42

Haben beide die Segel auf verschiedenen Seiten, so gilt Backbordbug vor
Steuerbordbug, das heißt, daß die
Yacht mit Segeln an Steuerbord der
Yacht mit Segeln an Backbord ausweichen muß. Haben beide die Segel auf
derselben Seite, gilt Lee vor Luv: Diejenige Yacht, die auf der Luvseite (die
dem Wind zugewandte Seite) segelt,
ist der in Lee segelnden Yacht zum
Ausweichen verpflichtet.
Schließlich gilt: Wenn ein Segelfahrzeug mit Wind von Backbord nicht
genau feststellen kann, ob ein sich von
Luv näherndes Fahrzeug den Wind von
Backbord oder Steuerbord hat, muß
es dem anderen Segelfahrzeug ausweichen.

Unabhängig von der Antriebsart (Motor
oder Segel) muß jedes Fahrzeug, das ein
anderes Fahrzeug überholt, dem überhol-
ten ausweichen.

Segel setzen, reffen und bergen

Um Groß- und Vorsegel setzen zu können, müssen diese zunächst angeschlagen, das heißt am Großbaum bzw. Vorstag
befestigt werden. Beim Großsegel erfolgt
dies einmal zu Beginn der Segelsaison.
Danach bleibt das Großsegel auf dem

Großbaum angeschlagen und wird, jeweils nach dem Bergen und Auftuchen, durch eine Persenning geschützt.

Beim Vorsegel hängt es davon ab, ob die Yacht mit einer Rollfockanlage ausgerüstet. Ist das der Fall, so wird das Vorsegel – wie das Großsegel – einmal angeschlagen und verbleibt die Saison über am Vorstag. Während bei der Rollfock das Vorsegel durch Einrollen gerefft und geborgen wird, geschieht dies ohne Rollfockeinrichtung durch Abschlagen des Segels bzw. – beim Reffen – durch Anschlagen eines anderen Vorsegels. Beispielsweise wird die Genua bei Starkwind durch die kleinere Arbeitsfock und bei Sturm durch die sehr kleine Sturmfock ersetzt.

Großsegel setzen, reffen und bergen
- • *Großsegel setzen* (Abb. 43)
  - – Vorbereitung
    Persenning vom Großbaum entfernen, Zeisinge oder Spinne lösen, öffnen der Großschot, des Baumniederholers und der Reffleinen, Einschäkeln des Großfalls
  - – Setzen des Segels
    Großfall so weit wie möglich über Hand holen (Abb. 43), danach mit Hilfe der Winsch fest durchsetzen
  - – Nacharbeit
    Großfall und Reffleinen am Mast belegen, Lose in die Dirk geben, Baumniederholer durchsetzen, alle Enden (Großfall, Dirk, Talje des Baumniederholers) aufschießen
- • *Großsegel reffen (Bindereff)*
  - – Reffen
    (Reff einbinden, Abb. 44)
    Baumniederholer und Großfall lösen, die Reffkausch (1. oder 2. Reff?) des Großsegels in den Reffhaken am

Abb. 43 Großsegel setzen

Abb. 44 Gerefftes Großsegel

Lümmelbeschlag des Mastes ein-
hängen, Großfall durchsetzen und
belegen, Reffleine (1. oder 2. Reff?)
durchsetzen, durchhängendes Tuch
des Großsegels einrollen und mit
Reffbändseln sichern, Baumniederholer dichtholen
– Ausreffen
(Reff herausnehmen)
Reffbändsel entfernen, Reffleine und
Großfall lösen, Reffkausch aushän-
gen, Großfall und Reffleinen belegen,

• *Großsegel bergen*
– Vorbereitung
Großschot fieren, Dirk durchsetzen
– Bergen des Segels
Großfall lösen, Segel am Vorliek her-
unterziehen
– Nacharbeit
Großfall ausschäkeln und belegen,
Reffleinen und Baumniederholer
dichtholen, Großsegel auftuchen und
mit Zeisingen oder Spinne sichern,
Persenning anbringen

Vorsegel setzen, reffen und bergen
(mit Rollfock)

• *Vorsegel setzen*
– Vorbereitung
Vorschot an Backbord und Steuerbord sowie Vorsegel-Reffleine
lösen, Lee-Vorschot (Vorschot auf
der Seite, an der das Segel gefahren
wird) auf Winsch belegen, Einstellen
der Rutscher auf der Fockschot-
Leitschiene entsprechend geplanter
Segelstellung

– Setzen des Segels
Durch Holen der Lee-Vorschot wird
das Vorsegel am Vorstag abgerollt
und gleichzeitig die Reffleine aufge-
rollt. Vorschot mit Winsch dichtholen und belegen
– Nacharbeit
Reffleine des Vorsegels belegen

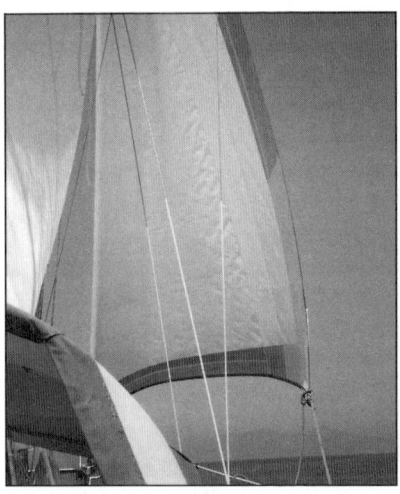

Abb. 45 Vorsegel gerefft

• *Vorsegel reffen*
– Reffen (Abb. 45)
Stufenlose Verkleinerung des Vor-
segels: Lösen der Vorschot und
Holen der Reffleine. Nach dem Ref-
fen: Dichtholen der Vorschot und
Belegen der Reffleine
– Ausreffen (Abb. 46)
Umgekehrt zum Reffen: Lösen der
Reffleine und Holen der Vorschot.
Nach dem Ausreffen: Dichtholen der
Vorschot und Belegen der Reffleine

Abb. 46
Vorsegel ausgerefft

- *Vorsegel bergen*
  - Vorbereitung
    Reffleine lösen
  - Bergen des Segels
    Segel mit Hilfe der Reffleine auf dem
    Vorstag aufrollen, gleichzeitig Lee-
    Vorschot lösen und langsam fieren
    (nicht ausrauschen lassen)
  - Nacharbeit
    Reffleine und Vorschot belegen und
    aufschießen

Blister setzen und bergen

Blister verdrängen bei einer Fahrtenyacht
den Spinnaker immer mehr. Ein Blister ist
wesentlich einfacher zu handhaben: Mit
Hilfe des Bergeschlauchs kann er schneller und leichter gesetzt und geborgen werden als ein ausgebaumter Spinnaker.

- *Blister setzen* (Abb. 47)
  - Das obere Ende des Bergeschlauchs
    am Spinnakerfall, den Hals des Bli-
    sters am Vorstag und die Spinnaker-
    schot am Schothorn des Blisters ein-
    schäkeln, Bergeschlauch mit Hilfe
    des Spinnakers heißen
  - Spinnakerschot auf der Winsch bele-
    gen, Bergeschlauch mit Umlenkleine
    hinaufziehen, Spinnakerschot und
    Umlenkleine dichtholen und belegen
- *Blister bergen*
  - Spinnakerschot fieren, Berge-
    schlauch mit Umlenkleine herunter-
    holen, Hals und Schothorn des Bli-
    sters ausschäkeln
  - Bergeschlauch mit Hilfe des Spinna-
    kerfalls bergen, ausschäkeln und
    stauen, Spinnakerfall aufschießen
    und belegen

Abb. 47 Blister gesetzt (oben im Bild der
Bergeschlauch)

47

Segeln in der Praxis

Windrichtungen

Ist die Yacht, wie erwähnt, mit einer Windmeßanlage ausgerüstet, so kann man Windwinkel und Windstärke an der Windanzeige ablesen. Anderenfalls muß man die Windrichtung einem im Masttopp angebrachten Windrichtungsanzeiger (auch Verklicker genannt) entnehmen, dessen Spitze immer in den Wind zeigt.

Befindet sich das schwarze Dreieck (der scheinbare Windwinkel) der Windanzeige rechts, so bedeutet dies Wind von Steuerbord, befindet es sich links, so weht der Wind von Backbord. 1 Teilstrich der Windanzeige entspricht einem Windwinkel von 30 Grad – immer bezogen auf den Winkel, mit dem der Wind auf die Schiffslängsachse trifft (vgl. hierzu noch einmal die Darstellung in Abb. 40 auf Seite 41).

Abb. 48 zeigt die verschiedenen Windrichtungen – von der Yacht aus gesehen – und ihre seemännischen Bezeichnungen.

Kommt der Wind von Steuerbord, so ist Steuerbord die Luv- und Backbord die Leeseite, weht der Wind von Backbord, so ist es umgekehrt. Luv ist – unabhängig von Backbord und Steuerbord – stets die dem Wind zugewandte, Lee immer die dem Wind abgewandte Seite (wo die »Luft« herkommt, ist Luv, wo es »leer« ist, haben wir Lee, kann man sich als Eselsbrücke merken).

Will man dagegen wissen, aus welcher Himmelsrichtung der Wind weht, so muß man den Schiffskompaß zur Hilfe nehmen: Kommt der Wind von Steuerbord, so wird der scheinbare Windwinkel der Windanzeige (1 Teilstrich entspricht 30 Grad) dem Steuerkurs hinzuaddiert, weht er von Backbord, so wird er vom gegenwärtigen Steuerkurs abgezogen.

Zum Beispiel:

Windwinkel a

2 Teilstriche rechts	=	60°
Steuerkurs entspr. Kompaß	=	85°
Windrichtung 85° + 60°	=	145°

(der scheinbare Wind weht aus 145°)

Steuerkurs entspr. Kompaß	=	263°
Windrichtung 263° + 60°	=	323°

Steuerkurs entspr. Kompaß	=	350°
Windrichtung 350° + 60°	=	410°
410° − 360°	=	50°

(da ein Kompaß nur 360° hat, müssen in diesem Fall noch 360° abgezogen werden)

Windwinkel b

1½ Teilstriche links	=	45°
Steuerkurs entspr. Kompaß	=	320°
Windrichtung 320° − 45°	=	275°

Steuerkurs entspr. Kompaß	=	181°
Windrichtung 181° − 45°	=	136°

Steuerkurs entspr. Kompaß	=	15°
Windrichtung 15° − 45°	=	−30°
30° + 360°	=	330°

Abb. 48 Windrichtungen

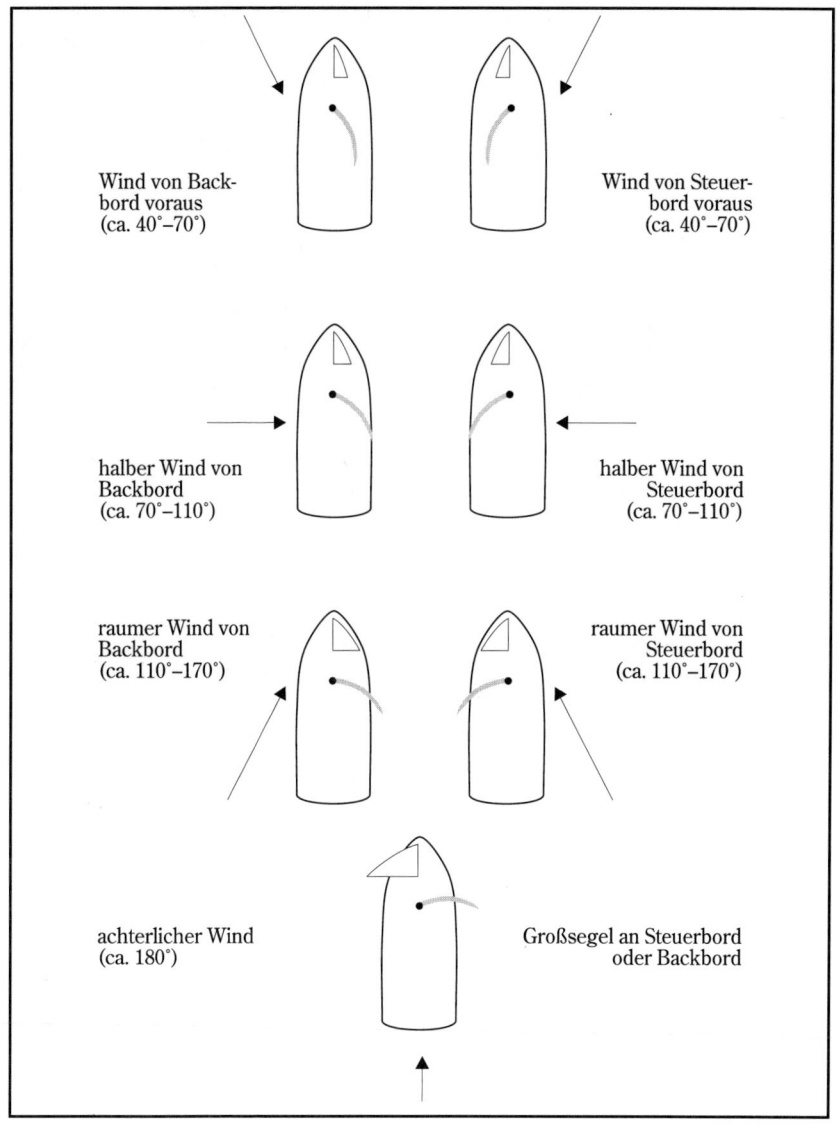

Wind von Back-
bord voraus
(ca. 40°–70°)

Wind von Steuer-
bord voraus
(ca. 40°–70°)

halber Wind von
Backbord
(ca. 70°–110°)

halber Wind von
Steuerbord
(ca. 70°–110°)

raumer Wind von
Backbord
(ca. 110°–170°)

raumer Wind von
Steuerbord
(ca. 110°–170°)

achterlicher Wind
(ca. 180°)

Großsegel an Steuerbord
oder Backbord

Segelkurse

Abb. 49 zeigt die möglichen Segelkurse einer Yacht in Abhängigkeit von der unterschiedlichen Windrichtung (siehe Abb. 48) im einzelnen:

● *Segeln am Wind*
Eine Yacht segelt am Wind, wenn der Wind von Backbord oder Steuerbord voraus weht. Kommt der Wind von Backbord voraus, so segelt man über Steuerbordbug (fährt also die Segel an Steuerbord), kommt er von Steuerbord voraus, so ist es umgekehrt (Abb. 49). Beim Amwindkurs sind die Groß- und Vorschot immer ganz dichtgeholt. Ein Winkel von etwa je 45 Grad (von vorn aus gesehen auf jeder Seite) bildet den nicht befahrbaren Bereich; nur Regattaboote können einen noch spitzeren Winkel zum Wind segeln. Und nochmals: Anluven bedeutet, höher an den Wind heranzugehen (sofern das noch möglich ist), abfallen, weiter vom Wind weg zu segeln.

● *Segeln mit halbem Wind*
Wie in Abb. 48 dargestellt, trifft ein halber Wind von Backbord oder Steuerbord seitlich auf das Schiff (es können 90 Grad oder etwas mehr oder weniger sein). Auch hier wird, abhängig von der Windseite, über Backbord- oder Steuerbordbug gesegelt; die Schoten sind entsprechend gefiert.

● *Segeln mit raumem Wind*
Ein raumer Wind weht (Abb. 48) schräg von achtern, wiederum entweder von Backbord oder Steuerbord; die Schoten werden noch weiter als beim Segeln mit halbem Wind gefiert.

● *Segeln mit achterlichem Wind (Vorwindkurs)*
Bei diesem Segelkurs kommt der Wind genau oder ziemlich genau von achtern. Groß- und Vorschot sind soweit wie möglich gefiert. Bläst der Wind genau von achtern (Windanzeige zeigt 6 Teilstriche an, das entspricht 180 Grad), so ist es gleich, ob das Großsegel an Backbord oder Steuerbord gefahren wird. Während man das Großsegel auf der einen Seite fährt, steht das Vorsegel auf der anderen Seite (was wegen der Ähnlichkeit als »Schmetterling« bezeichnet wird).
Um ein unbeabsichtigtes, abruptes Übergehen des Großbaums bei Kursabweichung zu verhindern, wird er durch eine Leine – den sogenannten Bullenstander – gesichert, die vom Ende des Großbaums zu einer Klampe oder einem Block am Bug führt. Auf diese Weise wird das Herumschlagen des Großsegels (die »Patenthalse«) mit möglichen Verletzungen von Besatzung und Schäden am Rigg vermieden.

Abb. 49 Segelkurse

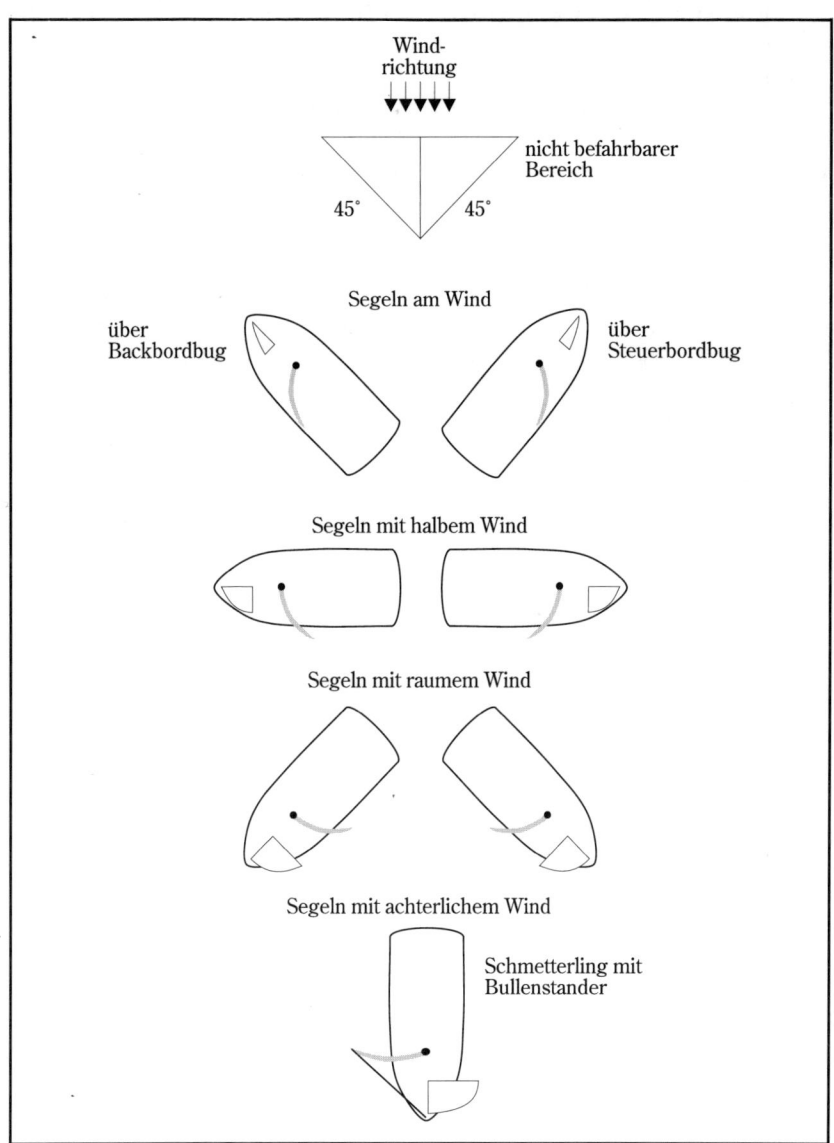

Segelmanöver

Ändern sich Windrichtung und/oder Segelkurs der Yacht, so ist ein Segelmanöver
erforderlich – es sei denn, daß die Änderung allein mit Anluven oder Abfallen
gesteuert werden kann.
Die Segelmanöver werden unterteilt in:

- Wenden
- Kreuzen
- Halsen
- Q-Wende
- Beidrehen

Hierbei sind das Wenden und Halsen die
beiden hauptsächlichen Segelmanöver;
alle anderen werden von ihnen abgeleitet.

- *Wenden* (Abb. 50)
  Mit dem Bug durch den Wind gehend
  wechselt die Yacht beim Wenden von
  einem auf den anderen Bug, wie in Abb.
  50 dargestellt. Auf das Kommando
  »Klar zum Wenden!« wird die Lee-
  Vorschot (in Abb. 50: die Vorschot an
  Backbord) gelöst, ohne sie jedoch
  schon ganz loszuwerfen. Bei »Ree!«
  dreht der Rudergänger das Steuerrad
  nach Luv (hier: nach Steuerbord), und
  die Yacht geht langsam mit dem Bug
  durch den Wind. In dem Augenblick, in
  dem die Segel auszuwehen (zu killen)
  beginnen (das Schiff liegt jetzt mit dem
  Bug genau im Wind), wird die alte Lee-
  Vorschot (hier: an Backbord) ganz los-
  geworfen und die neue (hier: an Steuerbord) dichtgeholt. Im Gegensatz zum
  Vorsegel geht das Großsegel von allein
  über, und die Großschot bleibt auf dem
  Traveller belegt.

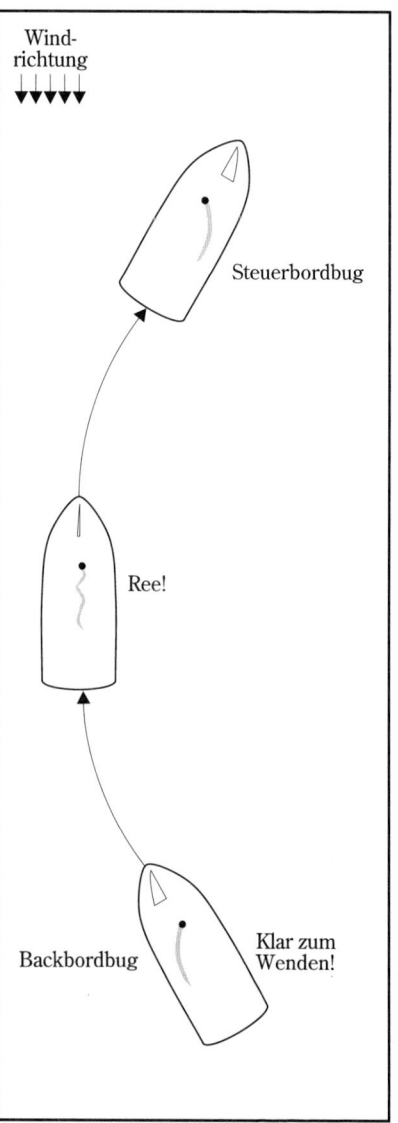

Abb. 50 Wenden
(mit dem Bug durch den Wind gehen)

Wind-
richtung

Steuerbordbug

Ree!

Backbordbug

Klar zum
Wenden!

- *Kreuzen* (Abb. 51)

  Liegt das Ziel genau dort, von wo der Wind kommt, so muß mehrfach gewendet werden – ein Vorgang, den wir als Kreuzen bezeichnen. Beim Kreuzen kann es vorteilhaft oder, in Küstennähe, sogar erforderlich sein, in ungleich langen Strecken zu kreuzen, daß heißt, das Ziel mit kurzen und langen Schlägen anzusteuern.

- *Halsen* (Abb. 52, S. 54)

  Beim Halsen geht die Yacht nicht, wie beim Wenden, mit dem Bug, sondern mit dem Heck durch den Wind. Das Manöver beginnt mit dem Kommando »Klar zum Halsen!«: Der Rudergänger dreht das Steuerrad nach Lee (im Beispiel Abb. 52: nach Backbord) und bringt das Schiff vor den Wind. Gleichzeitig werden auf das Kommando »Fier auf Schot!« die Großschot voll gefiert (um den Winddruck aus dem Großsegel zu nehmen). Es folgt »Hol dicht Schot!«, bei dem die Großschot schnell und gleichmäßig dichtgeholt wird, bis der Großbaum mittschiffs steht. Wird die Großschot zu langsam geholt, besteht die Gefahr, daß der Großbaum abrupt und mit Wucht auf die andere Seite übergeht und dabei Crewmitglieder verletzen kann. Erst beim Kommando »Rund achtern!« werden das Steuerrad langsam so weit nach Lee (in unserem Beispiel: nach Backbord) gedreht, bis der Großbaum von allein übergeht, und die Großschot zügig gefiert. Der Rudergänger unterstützt

das Manöver durch Gegenruder nach Lee, damit die Yacht nicht zu stark anluven und krängen kann.

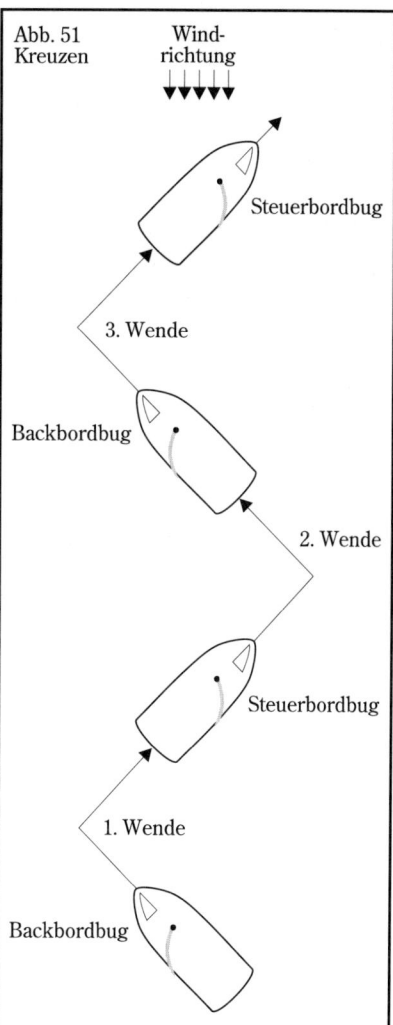

Abb. 51
Kreuzen

Windrichtung

Steuerbordbug

3. Wende

Backbordbug

2. Wende

Steuerbordbug

1. Wende

Backbordbug

Abb. 52 Halsen
(mit dem Heck durch den Wind gehen)

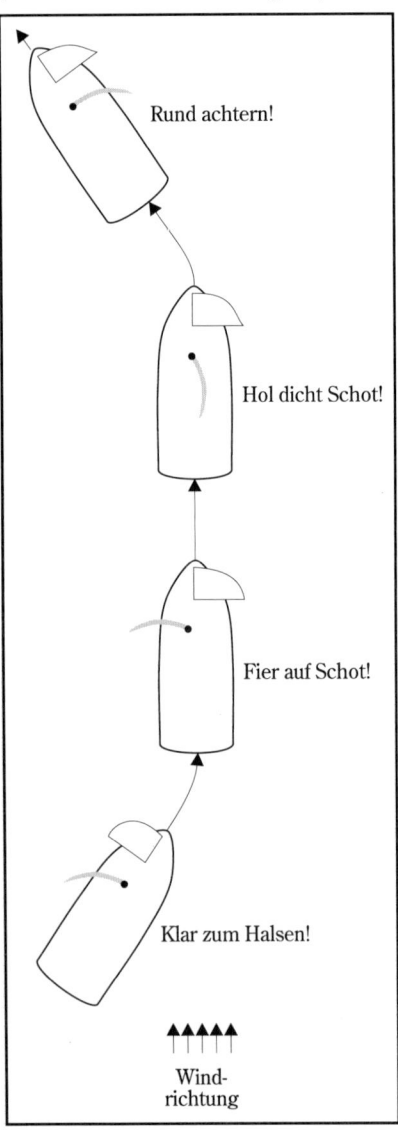

Rund achtern!

Hol dicht Schot!

Fier auf Schot!

Klar zum Halsen!

Wind-
richtung

• *Q-Wende* (Abb. 53)
Sind das Wetter sehr schlecht und die Crew unerfahren, so kann auf eine notwendige Halse verzichtet und statt dessen eine sogenannte Q-Wende gefahren werden. Bei diesem Manöver wird, wie in Abb. 53 dargestellt, aus einem raumen oder achterlichen Kurs heraus zunächst angeluvt und danach gewendet. Nach dem Wenden fällt man auf den Kurs ab, den man nach einem Halsemanöver gesteuert hätte.

• *Beidrehen* (Abb. 54)
Beigedreht wird beispielsweise im Sturm, um das Schiff in rauher See ruhig zu halten oder bei einem schon genannten Mann-über-Bord-Manöver (sofern das Manöver durch eine erfahrene Crew gesteuert wird). Anzumerken ist, daß sich Langkieler besser zum Beidrehen eignen als Kurzkieler und Beidrehmanöver in Küstennähe (Legerwallposition!) nicht ohne Gefahr sind. Wie in Abb. 54 dargestellt, wird das Beidrehen durch ein Wendemanöver eingeleitet. Doch im Gegensatz zum normalen Wenden geht das Vorsegel nicht über, sondern bleibt auf der neuen Luv-Seite (»back«) stehen. Die Großschot wird nach dem Übergehen des Großsegels voll gefiert und das Ruder bis zum Anschlag nach Luv gedreht: Die Yacht treibt jetzt mit 1 bis 2 Knoten Fahrt auf die Position zu, die sie vor Einleitung des Beidrehmanövers hatte. Während man das Beidrehen auch als kurzzeitiges Stoppen einer

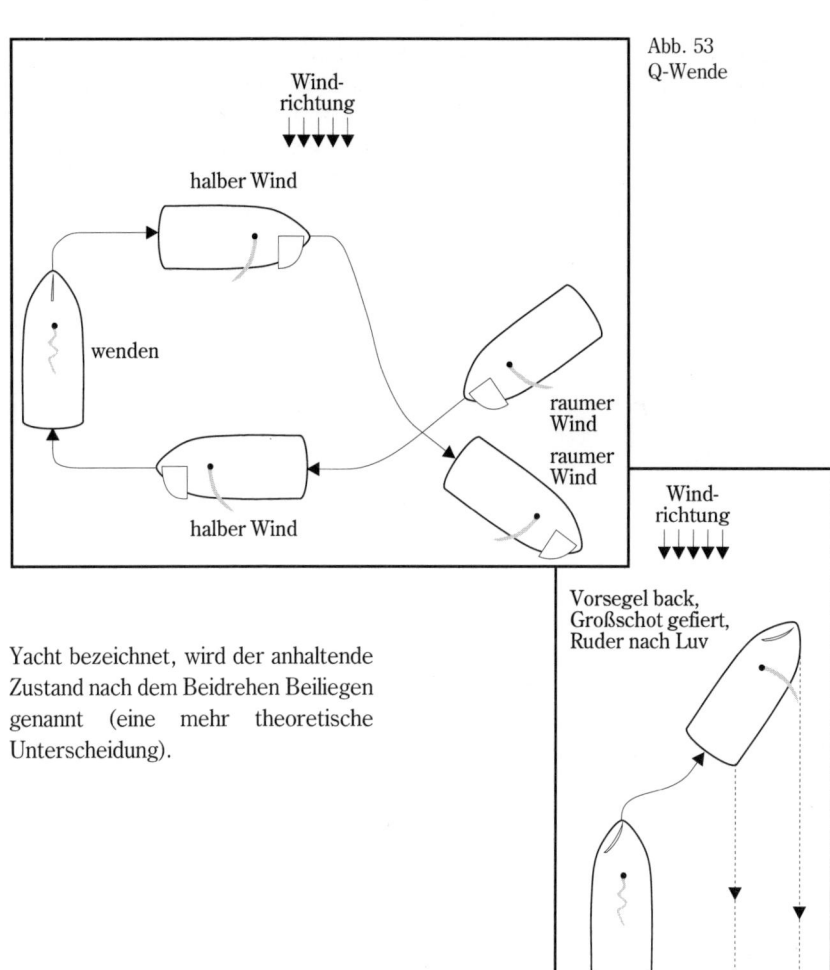

Abb. 53
Q-Wende

Wind-
richtung
▼▼▼▼▼

halber Wind

wenden

raumer
Wind

raumer
Wind

halber Wind

Wind-
richtung
▼▼▼▼▼

Vorsegel back,
Großschot gefiert,
Ruder nach Luv

Yacht bezeichnet, wird der anhaltende
Zustand nach dem Beidrehen Beiliegen
genannt (eine mehr theoretische
Unterscheidung).

Abb. 54
Beidrehen

Richtig ankern

Ankermanöver (Abb. 55)
Da Ankermanöver unter Segel bei Fahrtenyachten ungewöhnlich sind (sie werden höchstens bei Maschinenausfall durchgeführt), wollen wir uns auf das Ankern mit Motor beschränken.

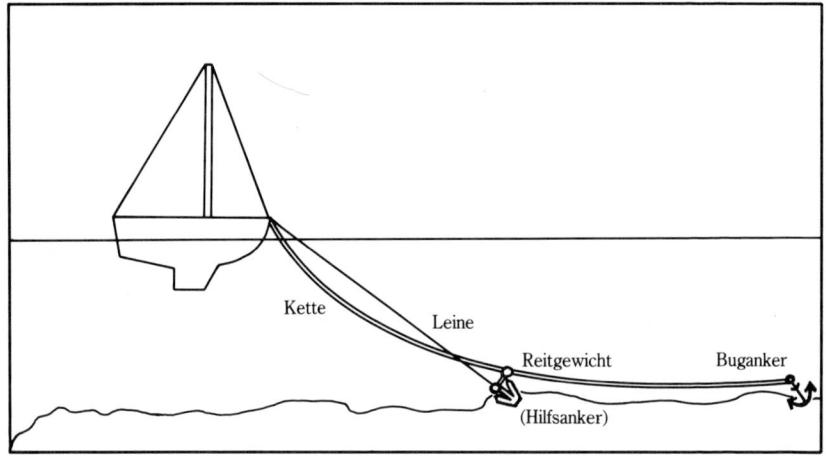

Kette Leine Reitgewicht Buganker (Hilfsanker)

Abb. 55 Richtig ankern

● *Vorbereitung*
Zu den Vorbereitungsarbeiten eines Ankermanövers gehören die richtige Wahl des Ankerplatzes (Schutz gegen Wind und Wellen, ausreichender Platz zum Schwojen, genügender Abstand zu anderen Ankerliegern, geeigneter Ankergrund und eine günstige Wassertiefe), die Vorbereitung des Ankergeschirrs (Lösen des Ankers aus der Halterung, Inbetriebnahme der Ankerwinsch) und die langsame Ansteuerung des Ankerplatzes gegen den Wind.

● *Anker fallen*
Die einzelnen Schritte sind:
– Maschine Stopp und Yacht zum Stillstand bringen
– Anker fallen lassen, bis er den Grund erreicht
– Maschine rückwärts und dabei die Ankerkette fieren, bis sie die richtige Länge hat (Wassertiefe mal 4)
– Fieren der Ankerkette stoppen und Fahrt weiter rückwärts, um den Anker in den Grund einzupflügen
– Einige Zeit peilen, ob Versetzung festzustellen ist

56

– Maschine ausstellen und Reitgewicht setzen
– Bei Starkwind oder Sturm 2. Buganker mit Beiboot ausbringen
– Beim Ankern in enger Bucht Heckleine an Land befestigen
– Am Tage Ankerball und bei Nacht Ankerlicht setzen
– Evtl. Ankerboje auslegen (die Meinungen hierüber sind geteilt)

Anker lichten

• Vorbereitung
Maschine starten, Reitgewicht bergen und Ankerwinde (oder Ankerwinsch) vorbereiten

• Anker holen
Die einzelnen Schritte sind:
– Anker mit Ankerwinde (Ankerwinsch) holen
– Sobald der Anker über Wasser ist, langsam Fahrt aufnehmen
– Anker in Halterung einrasten

Anker klarieren
Passiert es, daß der eigene Anker von einem anderen Anker, einer fremden Ankerkette oder einer Muringleine festgehalten wird (auch Stromkabel auf dem Ankergrund oder felsiges Gestein können hierfür verantwortlich sein), so muß der Anker auf irgendeine Weise freigeholt (klariert) werden. Gelingt es nicht, den Anker durch Rückwärtsfahren oder seitliches Ausbrechen mit Motor frei zu bekommen, so seien folgende bewährte Methoden empfohlen:

• *Sofern der fremde Gegenstand (z.B. Ankerkette) über Wasser gehievt werden kann*
– Leine vom Bug aus unter den fremden Gegenstand hindurchziehen und an Bord belegen
– Eigene Ankerkette etwas fieren, damit der Anker freikommt, ggfs. den Anker drehen

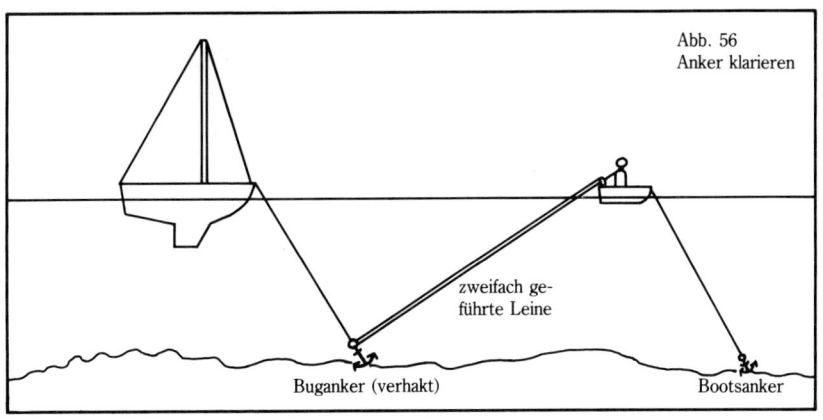

Abb. 56
Anker klarieren

zweifach geführte Leine

Buganker (verhakt)

Bootsanker

- Leine lösen und fremden Gegenstand fallen lassen
- Anker bergen
- *Sofern der fremde Gegenstand fest auf dem Grund liegt* (Abb. 56)
  - Eine Leine – durch einen Kettenvorlauf beschwert – um die Ankerkette herum absenken
  - Die Leine mit dem Beiboot ausbringen, und zwar in entgegengesetzter Richtung zum Ankerschaft
- Beiboot verankern und versuchen, den Anker von Hand unter dem fremden Gegenstand hindurchzuziehen
- Es ist von großem Vorteil, wenn die Leine (zum festeren Holen) an Land ausgebracht werden kann.

Aufschießen, Belegen, Knoten

Aufschießen

Das Aufschießen und Stauen von Festmacherleinen, Fallen, Schoten und anderen Enden gehört zu den Arbeiten, die an jedem Segeltag anfallen. Um bei Bedarf schnell griffbereit zu sein, müssen alle Leinen immer am selben Platz gestaut werden.

Da, wie erwähnt, das meiste an Bord verwendete Tauwerk rechtsherum geschlagen ist, muß es auch rechtsherum aufgeschossen werden. Bei Schoten, Fallen und Dirk beginnt man mit der festen Part (der Tampen, der an der Yacht befestigt ist) und schießt sie zur losen Part hin in gleichlangen Bahnen auf. Bei Leinen, die nicht belegt sind, ist es dagegen gleich, auf welcher Seite man mit dem Aufschießen beginnt.

Sollen Vorschot und Festmacherleinen nach dem Aufschießen an der Reling aufgehängt werden, so zieht man den letzten Törn durch die Bucht (Abb. 59) und führt den Tampen zum Aufhängen hindurch. Wird ein Fall (wie üblich) auf eine Klampe am Mast gehängt, so steckt man die feste Part durch die Bucht, verdrillt sie einmal und hängt das so gewonnene Auge über die Klampe.

Die Abb. 57 bis 60 zeigen das Aufschießen und Aufhängen einer Großschot.

Abb. 57–60
Aufschießen einer Großschot

Belegen

Festmacher, Fallen und Schoten müssen auf Klampen belegt werden. Beim Belegen kommt es darauf an, daß sich die feste Part nicht von selbst bekneift; denn nur so kann das Ende schnell wieder von der Klampe entfernt werden. Ein Kopfschlag sichert abschließend das Ende auf der Klampe. Die Abb. 61 bis 63 zeigen:

- *Belegen einer Festmacherleine mit Auge* (Abb. 61)

• *falsches Belegen einer Festmacherleine:*
lose Part über Kreuz (Abb. 62)

• *richtiges Belegen einer Festmacherleine:*
lose Part parallel (Abb. 63)

Knoten
Seemännische Knoten dienen zur Befestigung und zum Sichern eines Endes oder zum Verbinden zweier Enden. Sie dürfen nicht von allein aufgehen, müssen sich aber auch leicht lösen lassen. Von den zahlreichen seemännischen Knoten, die

es gibt und die kaum ein Skipper alle beherrscht, sollen hier nur die gängigsten für den Gebrauch durch Mitsegler aufgezeigt werden.

• *Achtknoten* (Abb. 64)
Er soll verhindern, daß eine Schot oder eine Leine versehentlich durch einen Block oder eine Öse ausrauscht.

• *Kreuzknoten* (Abb. 65)
Er dient zum Verbinden zweier gleichstarker Enden.

- *Webeleinstek* (Abb. 66 und 67)
  Mit ihm werden Fender, Festmacherleinen und die Vorschot an der Reling
  oder am Heckkorb befestigt.

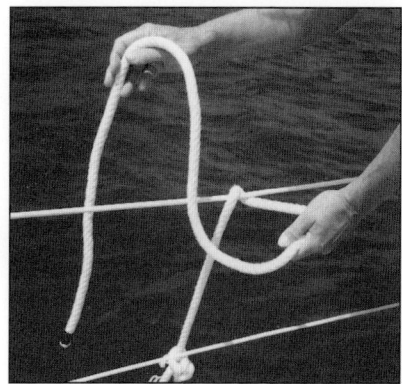

- *Rundtörn und halbe Schläge* (Abb. 70)
  Bei einem Ring befestigt man eine
  Leine mit 1 oder 1½ Rundtörns und 2
  halben Schlägen.

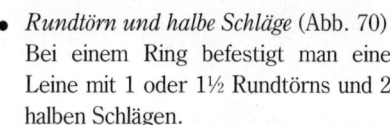

- *Palstek* (Abb. 68 und 69)
  Beim Palstek entsteht ein Auge, das
  sich nicht von selbst zusammenziehen
  kann. Man verwendet ihn beispielsweise beim Anlegen, um eine Festmacherleine mit einem Auge über einen
  Poller zu werfen.

Navigation ist, wenn man trotzdem ankommt

Das behaupten jedenfalls Lästermäuler – und haben damit manchmal nicht ganz unrecht. So beispielsweise, wenn das Kofferradio neben dem Kompaß plaziert oder statt eines Kurses nach Nordosten der südwestliche Gegenkurs am Kursdreieck abgelesen wird. In Wirklichkeit handelt es sich bei der Navigation um die Bestimmung von Position und Kurs eines Schiffes. Ein Skipper sollte zu jeder Zeit wissen, wo sich sein Schiff befindet und welchen Kurs er steuern muß, um ans Ziel zu gelangen. Auch für Mitsegler ist die Navigation nicht nur eine interessante Aufgabe. Sie kann lebensnotwendig werden, wenn der Skipper ausfällt und der Mitsegler allein einen fremden Hafen anlaufen muß.

Im einzelnen sollten Mitsegler über die Navigation folgendes wissen:

- *Hilfsmittel und Geräte der Navigation*
  - Navigationswerkzeuge
  - Magnetkompaß
  - Lot und Log
  - Seekarten und nautische Literatur
    Landmarken und Seezeichen

- *Kursermittlung*

- *Positionsbestimmung*
  - Landnavigation
  - Koppelnavigation
  - Funknavigation

Hilfsmittel und Geräte der Navigation

Navigationswerkzeuge (Abb. 71)

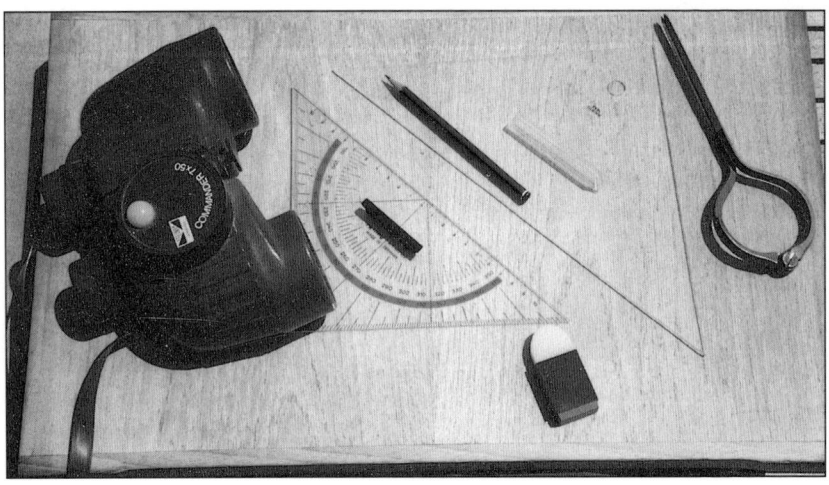

Sie dienen als Hilfsmittel der Navigation und sollten immer griffbereit sein; im einzelnen umfassen die Navigationswerkzeuge:

- eine Borduhr (in der Navigationsecke) und eine Armbanduhr
- Bleistifte und Radiergummi
- ein Kursdreieck zum Messen von Kursen in der Seekarte
- ein Dreieck oder Lineal als Hilfsmittel bei Verschiebung des Kursdreiecks
- einen Kartenzirkel zum Abgreifen von Positionen und Entfernungen sowie
- ein Fernglas, möglichst mit eingebautem Kompaß und eingravierten Linien zur Abstandsbestimmung

Magnetkompaß (Abb. 72)
Der Haupt-Magnetkompaß ist bei einer Fahrtenyacht üblicherweise in der Steuersäule integriert oder an anderer markanter Stelle im Cockpit angebracht. Er muß groß genug und so aufgestellt sein, daß ihn der Rudergänger mühelos ablesen kann; für Nachtfahrten sollte er beleuchtet sein. Für den Fall, daß der Hauptkompaß (was nur selten passiert) einmal ausfällt, muß ein Ersatzkompaß an Bord sein. Ein solcher Ersatz-Handkompaß eignet sich außerdem gut zum Peilen von Standlinien (vgl. Landnavigation).

Da die Kompaßnadel durch größere Eisenteile an Bord (beispielsweise durch den Motor) vom magnetischen Nordpol abgelenkt wird, muß diese Ablenkung nach Einbau des Kompasses (und danach von Zeit zu Zeit) ausgeglichen (kompensiert) werden. Diejenige Ablenkung, die auch nach dem Kompensieren noch verbleibt (die sogenannte Restablenkung), wird in einer Ablenkungstabelle (Deviationstabelle) festgehalten; sie ist bei der Ermittlung des Steuerkurses zu berücksichti-

Abb. 72

gen. Da jedoch – im Gegensatz zu einer Stahlyacht – die Restablenkung bei Kunststoffyachten sehr gering ist, kann sie bei der Kursermittlung meist vernachlässigt werden.

Wie bereits erwähnt, heißt

- *größer steuern:* das Steuerrad nach rechts drehen (die Kompaßanzeige wird größer)
- *kleiner steuern:* das Steuerrad nach links drehen (die Kompaßanzeige wird kleiner).

Auch Mitsegler sollten einen Gegenkurs vom Kompaß ablesen (er liegt auf der Kompaßrose dem Steuerkurs immer gegenüber) und ihn – unabhängig von der Kompaßanzeige – errechnen können:

Gegenkurs = Steuerkurs ± 180°
(ist der Steuerkurs kleiner oder gleich 180°, so werden 180° hinzuaddiert, ist der Steuerkurs größer als 180°, werden 180° subtrahiert)

Beispiele:

Steuerkurs = 130°
Gegenkurs = 130° + 180° = 310°
Steuerkurs = 180°
Gegenkurs = 180° + 180° = 360°
Steuerkurs = 210°
Gegenkurs = 210° – 180° = 30°

Lot und Log
Fahrtenyachten sind heute üblicherweise mit einem elektronischen Echolot zum Ermitteln der Wassertiefe und einem elektronischen Sumlog zum Messen der

Fahrtgeschwindigkeit ausgerüstet. Ein Handlot und das einfache Relingslog dienen nur für den Fall, daß die elektronischen Geräte einmal versagen.

- *Echolot* (Abb. 73)

Sein Sender ist in einem Bordwanddurchlaß unterhalb der Vorderkajüte befestigt und sendet laufend Tonsignale, die als Echo (deshalb Echolot) vom Meeresboden zurückkommen. Ein Empfänger an Bord mißt nun die Zeit zwischen dem Absenden eines Tonsignals bis zu seiner Rückkehr; sie wird im Gerät umgerechnet und als Tiefe in Metern angezeigt. In Küstennähe, beim Einlaufen in einen Hafen und beim Ankern ist die Tiefenanzeige besonders wichtig. Üblicherweise wird die Tiefe unterhalb 10 Meter mit einer Kommastelle und darüber in vollen Metern angezeigt. Da bei einer Segelyacht (um Strom zu sparen) der Sender verhältnismäßig schwach ist, zeigt das

Gerät eine Tiefe von mehr als 100 Metern in der Regel nicht mehr an. Ein Echolot eignet sich außerdem auch zur Navigation, weil man die angezeigte Tiefe (bis zu 100 Metern) mit den Tiefenlinien der Seekarte vergleichen kann. Von Zeit zu Zeit muß der Sender des Echolots von Algen befreit werden, weil er sonst zuwächst und nicht mehr einwandfrei arbeitet.

- *Sumlog* (Abb. 74)

Beim Sumlog dreht sich (außen an der Bordwand im Fahrstrom) ein kleiner Impeller (schaufelartiges Rad). Die Umdrehungszahl des Impellers wird gezählt, in Knoten (Seemeilen je Stunde) umgerechnet und fortlaufend angezeigt. Besonders wichtig ist das Sumlog für die Koppelnavigation, weil es zusätzlich zur Geschwindigkeit die zurückgelegte Entfernung in Seemeilen anzeigt. Wie der Sender des Echo-

lots muß auch der Impeller des Sumlogs hin und wieder von Algen gesäubert werden, weil er sich sonst nicht mehr dreht.

Seekarten und nautische Literatur

Kein Segler kommt ohne Seekarten des betreffenden Fahrtgebietes aus. Wird eine größere Strecke gesegelt, so benötigt man verschiedene Seekarten:

- *Übersichtskarte für die Gesamtstrecke*
  (Maßstab 1:200 000 bis 1:600 000)

- *Küstenkarten für einzelne Küstenabschnitte*
  (Maßstab 1:30 000 bis 1:100 000)

- *Hafenkarten für Häfen, Buchten und Fahrwasser*
  (Maßstab 1:30 000 oder etwas größer)

In Deutschland werden die Seekarten vom Deutschen Hydrographischen Institut (DHI) herausgegeben; sie sind bis zum Kauftag berichtigt. Segler, die im Ausland segeln, schätzen ausländische Sportbootkarten, weil diese sehr praktisch sind (jedes Blatt hat eine gleiche, handliche Größe).

Seekarten sind nach der sogenannten Mercatorprojektion entwickelt, deren einziger Nachteil eine Breitenverzerrung ist – durch eine flächenmäßige Darstellung unserer kugelförmigen Erde bedingt. Diese Verzerrung bedeutet für den praktischen Umgang mit der Seekarte, daß Entfernungen nicht oben oder unten, sondern nur den seitlich angebrachten Skalen entnommen werden dürfen.

Abb. 75 zeigt den Ausschnitt aus einer Seekarte.

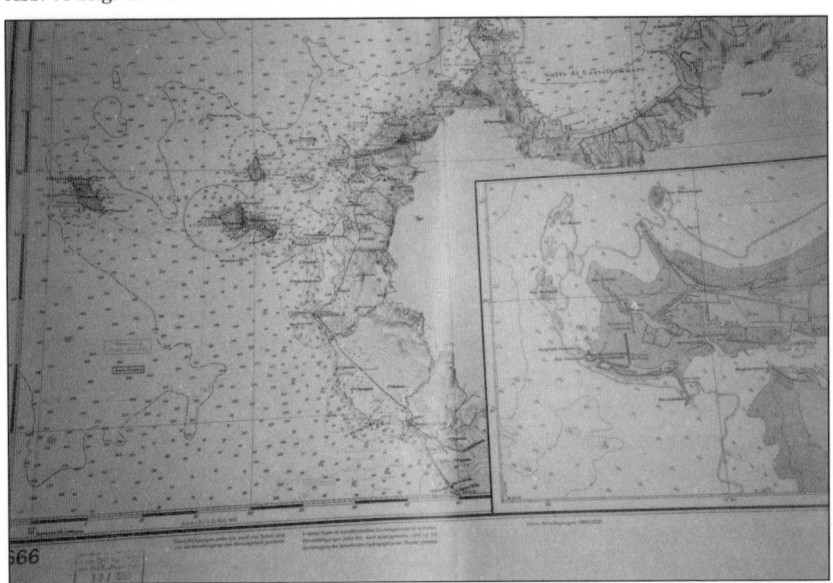

Eine Seekarte enthält:

- *Wasserflächen* mit Wassertiefen und Tiefenlinien, Angaben über die Grundbeschaffenheit, Untiefen, Riffe, Wracks, Strömungen und Fahrwasser, Seezeichen und Sperrgebiete

- *Landflächen* mit Landmarken (Kirchtürme, Leuchtfeuer, Ortschaften, Berge, Wald usw.), Funkfeuern, Häfen, Buchten und Küstenformationen

Alle in den Seekarten vorkommenden Zeichen und Abkürzungen sind in der Karte D1 (Zeichen und Abkürzungen für deutsche Seekarten) zusammengestellt. Mindestens an einer Stelle jeder Seekarte ist eine Kompaßrose mit Angabe der örtlichen Mißweisung einschließlich ihrer jährlichen Änderung aufgedruckt.

Seekarten sind mit senkrechten Längengraden und waagerechten Breitengraden überzogen, die es ermöglichen, jeden Ort auf der Karte als Schnittpunkt von Längen- und Breitengrad zu bestimmen. Insgesamt gibt es auf der Erde 360 Längengrade (auch Meridiane genannt), und zwar 180 östliche und 180 westliche, vom Nullmeridian in der Nähe Londons aus gezählt. Sie werden ergänzt durch 180 Breitengrade, 90 oberhalb und 90 unterhalb des Äquators. Jeder Längen- und Breitengrad ist in 60 sogenannte Bogenminuten unterteilt, wobei eine Bogenminute der Länge einer Seemeile (das sind 1852 Meter) entspricht. Zur Erleichterung für die Navigation hat man die Längen- und Breitengrade auf der Seekarte alle 20 Bogenminuten noch in Längs- bzw. Querstriche unterteilt.

Die Seekarten werden ergänzt durch nautische Bücher, denen der Segler ergänzende Angaben entnehmen kann. Beispiele hierfür sind:

- *Seehandbücher*
  herausgegeben vom DHI, mit Schifffahrtsvorschriften, Wetterverhältnissen, Hafenansteuerungen und Ankerplätzen
- *Hafenhandbücher*
  herausgegeben vom DSV oder Privatpersonen, mit detaillierten Beschreibungen von Häfen und Ankerbuchten
- *Yachtfunkdienst*
  herausgegeben vom DHI, mit Angaben über Funkverkehr, Funkpeilung und Wetterfunk
- *Leuchtfeuerverzeichnisse*
  herausgegeben vom DHI; Beschreibung aller Leuchtfeuer im genannten Seegebiet

Andere nautische Bücher, auf die wir hier nicht näher eingehen können, sind beispielsweise Gezeitentafeln und Umrechnungstabellen für die astronomische Navigation.

Landmarken und Seezeichen

Landmarken und Seezeichen sind in den Seekarten eingezeichnet und in der nautischen Literatur (See- und Hafenhandbücher) näher beschrieben. Sie helfen tagsüber bei der Kursfestlegung und Positionsbestimmung: Sofern in Küstennähe gesegelt wird und die Sicht dies zuläßt, können mit Hilfe von Landmarken Kurse ermittelt und Schiffspositionen bestimmt werden. Kirchtürme, Hochhäuser, Leuchttürme, Berge, Kaps und Buchten sind gute Orientierungspunkte – vorausgesetzt, daß man sie einwandfrei identifizieren kann.

Seezeichen können entweder feststehen oder schwimmen. Es gibt zahlreiche Seezeichen, von denen hier nur die am meisten vorkommenden genannt werden sollen:

- *Fahrwasserbezeichnung*
  Grüne, spitze Tonnen an Steuerbord und rote, stumpfe Tonnen an Backbord (jeweils von See aus gesehen); rot-weiße Tonnen als Ansteuerungstonnen

- *Kennzeichnung von Gefahrenstellen*
  (Bild 79) durch dreieckige Toppzeichen und Farbmarkierung
  (siehe Abb. 76, Seite 68)
  – *Nordquadrant*
    Beide Toppzeichen weisen mit den Spitzen nach oben: schwarz über gelb. Das Hindernis kann auf der Nordseite frei passiert werden.
  – *Ostquadrant*
    Ein Toppzeichen weist mit der Spitze nach oben, das zweite nach unten: schwarz oben und unten, gelb in der Mitte. Das Hindernis kann auf der Ostseite frei passiert werden.

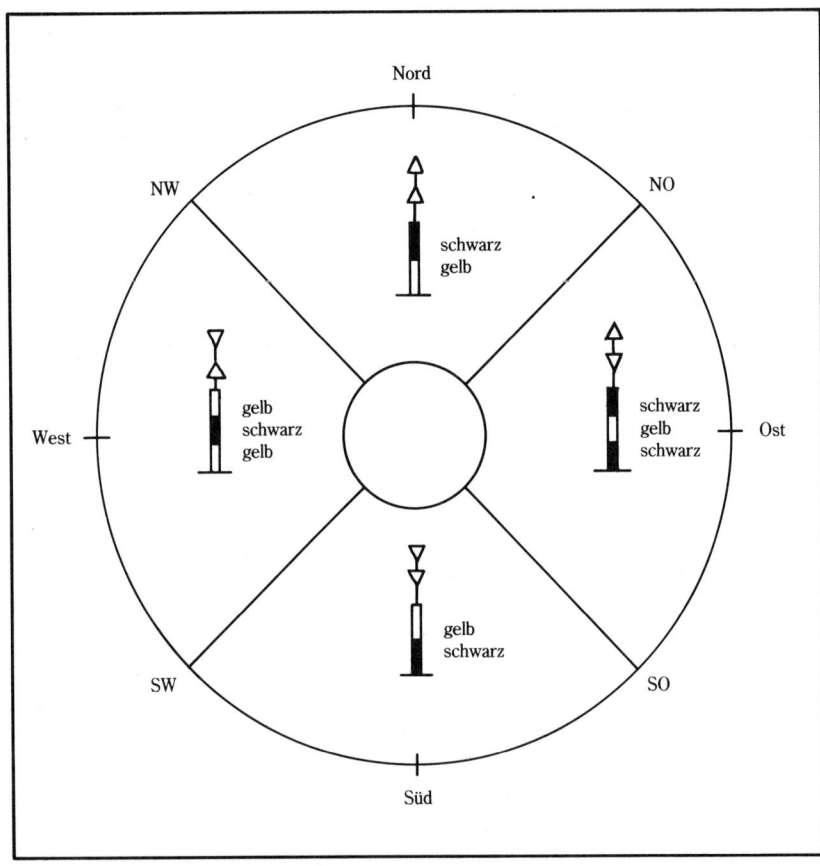

Abb. 76 Kennzeichnung von Gefahrenstelle

– *Südquadrant*
  Beide Toppzeichen weisen mit den Spitzen nach unten: schwarz unter gelb. Das Hindernis kann auf der Südseite frei passiert werden.
– *Westquadrant*
  Beide Toppzeichen weisen mit den Spitzen zur Mitte (Stundenglas): schwarz in der Mitte, oben und unten gelb. Das Hindernis kann auf der Westseite frei passiert werden.

Gefahrenstellen sind auch nachts durch eine entsprechend unterschiedliche Befeuerung zu erkennen.

Kursermittlung

Welchen Kurs muß eine Yacht steuern, um von A nach B zu gelangen? Wir wollen die Antwort darauf anhand eines Beispiels geben: Nehmen wir an, die Yacht segelt von Cala Ratjada an der Ostküste Mallorcas nach Ciudadela auf Menorca (siehe Abb. 77, S. 70). Um den zu steuernden Kurs ermitteln und die Entfernung zwischen den beiden Orten errechnen zu können, benötigen wir neben dem Navigationswerkzeug eine Seekarte des betreffenden Gebietes (in unserem Falle die Seekarte D 676, Mallorca und Menorca, Maßstab 1:200 000).

Als erstes ziehen wir von unserem Standort Cala Ratjada zum Zielort Ciudadela einen Bleistiftstrich, wie in Abb. 77 dargestellt. An diese Linie legen wir das Kursdreieck an, und zwar (immer!) mit der Spitze nach unten zeigend. Das Kursdreieck wird dann entlang der Linie so weit nach links oder rechts geschoben, bis sein Mittelpunkt den nächstgelegenen Längengrad bzw. Längsstrich (als Unterteilung eines Längengrades) berührt. In unserem Beispiel bedeutet das eine Verschiebung auf den Längsstrich 03° 40′ (3 Grad und 40 Bogenminuten); sofern das Kursdreieck zur Verschiebung nicht ausreicht, wird ein weiteres Dreieck oder Lineal zur Hilfe genommen.

Wie auf der unteren Skala des Kursdreiecks abzulesen ist, beträgt der Kurs an der Schnittstelle zum Längsstrich 03° 40′ genau 45 Grad. Beim Ablesen ist darauf zu achten, daß der richtige Kurs (hier: in nordöstlicher Richtung) und nicht der Gegenkurs (hier: in südwestlicher Richtung) vom Kursdreieck abgelesen wird. Der Gegenkurs von Ciudadela nach Cala Ratjada beträgt entsprechend 225 Grad (= 45° + 180°).

Kartenkurs und zu steuernder Kompaßkurs (Steuerkurs) stimmen nicht überein; letzterer muß nach folgender Formel ermittelt werden:

Kartenkurs
(der Seekarte entnommen)
± Abtrift
(Versetzung durch Wind und/oder Strom)
= rechtweisender Kurs
± Mißweisung
(Unterschied zwischen geographisch und magnetisch Nord)
= mißweisender Kurs
± Ablenkung
(Deviation/Ablenkung des Kompasses)
= Kompaßkurs

In der seglerischen Praxis ist die Kursermittlung meist viel einfacher:

● *Die Abtrift* muß nur dann berücksichtigt werden, wenn ein starker Strom geht oder man bei stärkerem Wind hoch am Wind segelt. Im letzteren Falle hält man in Abhängigkeit von der Windstärke einfach 3 bis 5 Grad vor: Bei Wind von Backbord 3 bis 5 Grad weniger, bei Wind von Steuerbord 3 bis 5 Grad mehr steuern.

Abb. 77 Darstellung aus der Seekarte

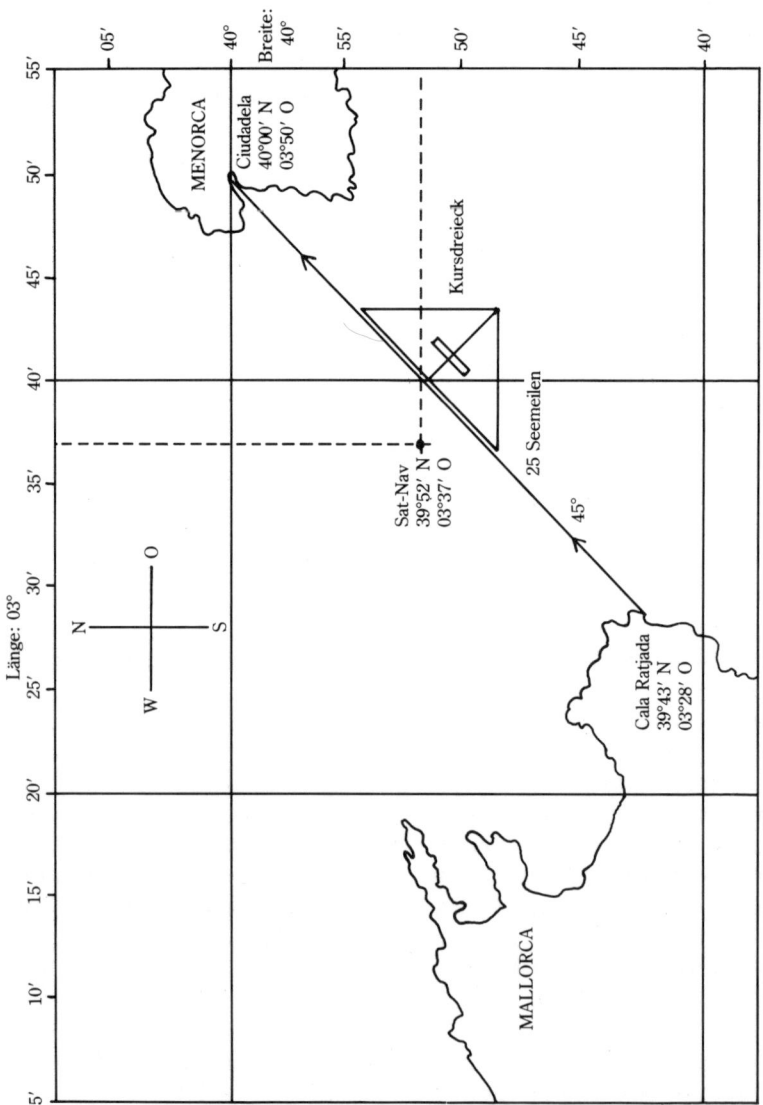

● *Die Mißweisung* ist, wie erwähnt, auf jeder Seekarte in Form einer Kompaßrose aufgedruckt. In vielen Seegebieten beträgt sie nur wenige Grad (so z. B. im Bereich der Balearen zur Zeit 2,5 Grad) und kann deshalb beim Steuern vernachlässigt werden. In den Fällen jedoch, in denen die Mißweisung bei der Kursermittlung berücksichtigt werden muß, geht man wie folgt vor:
Vom Kartenkurs zum Kompaßkurs muß man das Vorzeichen der Mißweisung umdrehen (aus Minus wird Plus, aus Plus Minus).
Vom Kompaßkurs zum Kartenkurs ist das Vorzeichen der Mißweisung zu nehmen (Minus wird subtrahiert, Plus addiert).

● *Die Ablenkung (oder Deviation)* kann (als Restablenkung nach der Kompensierung) auf Kunststoffbooten ebenfalls vernachlässigt werden, sofern sie bei den einzelnen Kompaßkursen nicht mehr als plus/minus 2 Grad beträgt.
Zusammengefaßt ist festzuhalten, daß geringe Abweichungen aufgrund von Mißweisung und/oder Ablenkung (Deviation) vernachlässigt werden können, weil ein Rudergänger ohnehin nicht auf 2 bis 3 Grad genau steuern kann. Aus diesem Grunde kann man in diesen Fällen den Kartenkurs als Steuerkurs verwenden, muß allerdings zur Kontrolle alle ein bis zwei Stunden eine Positionsbestimmung mit eventueller Kurskorrektur vornehmen.
Aus der abgelesenen Entfernung zwischen Start und Ziel sowie der ersegelten durchschnittlichen Geschwindigkeit lassen sich die Dauer der Fahrt und die voraussichtliche Ankunftszeit bestimmen. Das gilt natürlich nur für den Fall, daß der geplante Kurs eingehalten werden kann und der Wind gleichmäßig stark weht.

Bezogen auf unser Beispiel in Abb. 77 (siehe S. 70) geht man wie folgt vor: Wir greifen die Strecke zwischen Cala Ratjada und Ciudadela mit dem Kartenzirkel ab und übertragen die Distanz auf den rechten oder linken (niemals auf den oberen oder unteren!) Rand der Seekarte. In unserem Beispiel lesen wir 25 Teilstriche gleich 25 Bogenminuten ab, und da eine Bogenminute der Länge einer Seemeile entspricht, müssen wir 25 Seemeilen zurücklegen. Bei einer angenommenen Durchschnittsgeschwindigkeit von 5 Knoten (5 Seemeilen je Stunde) werden wir voraussichtlich 5 Stunden (25:5) für die Strecke benötigen. Ändert der Wind sich während der Fahrt (er kann stärker oder schwächer wehen oder aus einer anderen Richtung kommen), so können aus 5 Stunden weniger oder wesentlich mehr werden. Stellt man nun nach einiger Zeit fest, daß die Position der Yacht ober- oder unterhalb der geplanten Kurslinie liegt, muß man seinen Kurs – zweckmäßigerweise mit doppeltem Differenzwert – entgegen der Abweichung korrigieren, zum Beispiel:

Geplanter Kurs = 45°
Versetzung = 5° nach Norden
Neuer Kurs = 55° (+ 2° × 5°)

Positionsbestimmung

Nur bei einem Kurs in Küstennähe und bei schönem Wetter wird man auf eine genaue Positionsbestimmung verzichten können. In allen anderen Fällen kommt man nicht herum, in regelmäßigen Abständen festzustellen, wo sich die Yacht gerade befindet. Doch selbst im günstigsten Falle darf man die Orientierung nie verlieren, weil das Wetter schnell umschlagen oder ein Notfall eintreten kann.

Abhängig vom Segeln mit oder ohne Landsicht unterscheiden wir zwischen folgenden Navigationsarten:

- *Landnavigation*
  beim Segeln mit Landsicht
- *Koppelnavigation*
  beim Segeln ohne Landsicht
- *Funknavigation*
  zusätzlich zur Land- und Koppelnavigation

Landnavigation

Segelt eine Yacht unter Land, so lassen sich Landmarken (ein Leuchtturm, ein Kap, eine Kirche oder Ortschaft) gut zur Navigation verwenden. Mit Hilfe des Schiffskompasses, eines Handkompasses oder eines Fernglases mit eingebautem Kompaß kann man eine Landmarke anpeilen. Auf diese Weise erhält man eine Standlinie vom Schiff zur betreffenden Landmarke, die man dann mit Hilfe des Kursdreiecks in die Seekarte überträgt. Auch hier sei wieder unterstellt, daß Mißweisung und Ablenkung gering sind und bei der Übertragung in die Seekarte ver-

nachlässigt werden können (anderenfalls sind sie, wie bei der Kursermittlung dargestellt, mit richtigem Vorzeichen zu berücksichtigen). Man muß sich darüber im klaren sein, daß eine Standlinie nur den Kurs angibt, der von der Yacht aus zur Landmarke hin gepeilt wird, nicht aber die Position auf der Standlinie selbst. Um diese genau bestimmen zu können, gibt es zwei Methoden:

Bei der ersten Methode erweitert man die Standlinienpeilung um eine Abstandsbestimmung. Sie setzt allerdings voraus, daß die Höhe des gepeilten Objekts bekannt ist (zum Beispiel die Höhe eines Leuchtturms über Meeresspiegel aus dem Leuchtfeuerverzeichnis) und man über ein Fernglas mit einer Strichplatte zur Entfernungsmessung verfügt. Ist das der Fall, so ermittelt man den Abstand zum gepeilten Objekt nach folgender Formel:

$$\text{Abstand} = \frac{\text{wirkliche Höhe}}{\text{abgelesene Höhe}} \times 1000$$

Beispiel:
Die Höhe des Leuchtturms ü. M. beträgt 30 Meter. Die abgelesene Höhe auf der Strichplatte des Fernglases beträgt 12 Meter.
Der Abstand errechnet sich nach der oben genannten Formel:

$$\text{Abstand} = \frac{30 \text{ m}}{12 \text{ m}} \times 1000 = 2500$$

Abb. 78 zeigt das Beispiel einer Standlinienpeilung mit Abstandsbestimmung.

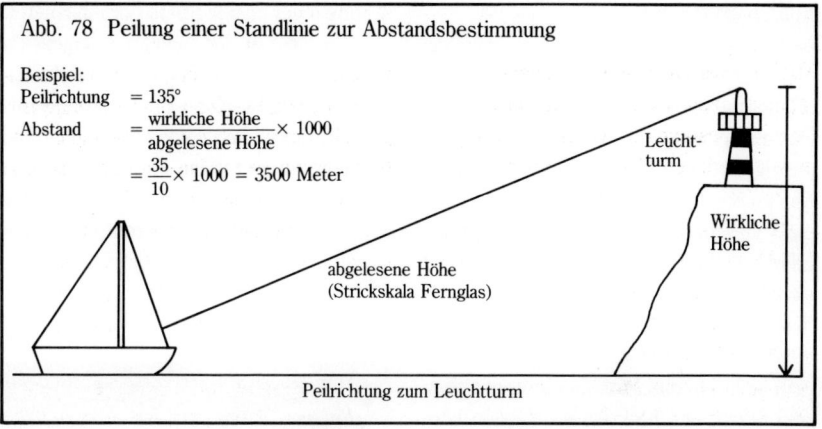

Abb. 78 Peilung einer Standlinie zur Abstandsbestimmung

Beispiel:
Peilrichtung = 135°

$$\text{Abstand} = \frac{\text{wirkliche Höhe}}{\text{abgelesene Höhe}} \times 1000$$

$$= \frac{35}{10} \times 1000 = 3500 \text{ Meter}$$

Leucht-
turm

Wirkliche
Höhe

abgelesene Höhe
(Strickskala Fernglas)

Peilrichtung zum Leuchtturm

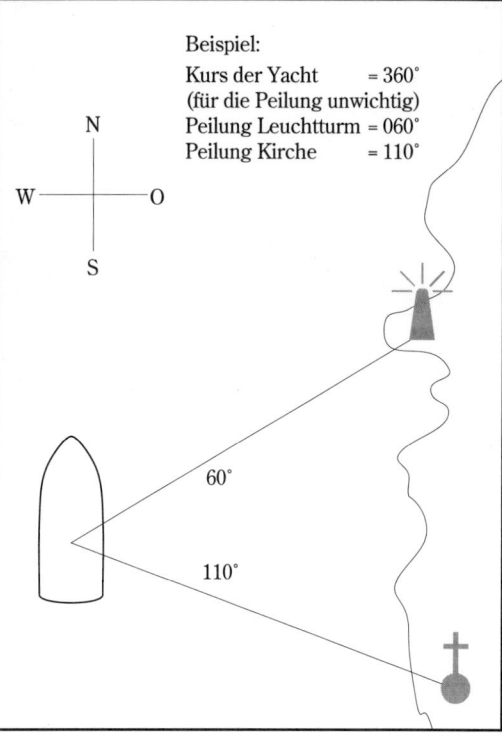

Abb. 79
Kreuzpeilung

Beispiel:

Kurs der Yacht   = 360°
(für die Peilung unwichtig)
Peilung Leuchtturm = 060°
Peilung Kirche   = 110°

N

W———O

S

60°

110°

Die zweite Methode zur Positionsbestimmung ist die Kreuzpeilung. Hierbei peilt man noch eine zweite Landmarke. Beide Peillinien werden in die Seekarte eingetragen, und dort, wo sie sich schneiden, befindet sich die gegenwärtige Schiffsposition (natürlich wiederum unter Berücksichtigung oder Nichtberücksichtigung von Mißweisung und Ablenkung). In Abb. 79 ist das Beispiel einer Kreuzpeilung dargestellt.

Koppelnavigation

Ist keine Landsicht vorhanden, weil die Sicht schlecht ist oder die Yacht sich auf offener See befindet, so bleibt – neben der Funknavigation – nur die Möglichkeit, den jeweiligen Schiffsort durch Koppelnavigation zu bestimmen. Mitgekoppelt werden muß in jedem Falle dann, wenn keine Landsicht ist und ein Navigationsgerät nicht zur Verfügung steht. Doch selbst für den Fall, daß die Yacht mit einem Gerät für die Funknavigation ausgerüstet ist, sollte man nicht auf das Mitkoppeln verzichten, weil Strom und Elektronik ausfallen können und Navigationsgeräte nicht immer fehlerfrei und genau arbeiten.

Beim Koppeln (oder Mitkoppeln) geht man wie folgt vor:

- Festhalten der Startzeit
- Regelmäßiges (ein- oder zweistündlich) Abtragen der versegelten Entfernung auf der in der Seekarte eingezeichneten Kurslinie (aufgrund der durchschnittlichen Geschwindigkeit oder besser nach der vom Sumlog angezeigten Strecke)
- Bei einer erforderlichen Kursänderung muß jeweils eine neue Kurslinie in die Seekarte eingetragen werden.

Funknavigation
- *Funkpeilung*
  Bei dieser ersten Möglichkeit der Funknavigation werden See- und Flugfunkfeuer mit Hilfe eines fest eingebauten Peilgerätes oder eines Handfunkpeilers angepeilt. Alle See- und Flug-

funkfeuer an der Küste oder in Küstennähe sind in der Seekarte eingezeichnet; ihre Frequenz, ihre Reichweite und andere Einzelheiten entnimmt man dem erwähnten Yachtfunkdienst. Man stellt am Gerät die entnommene Frequenz ein und dreht den Peiler so lange (vgl. Abb. 80), bis ein Pfeifton zu hören ist. Die Richtung zum Sender liegt

Abb. 80 Handfunkpeiler

dort, wo der Pfeifton am schwächsten ist (Minimumpeilung); wir können sie auf der Gradskala des Peilgerätes ablesen. Zu beachten ist, daß es bei einer Funkpeilung immer zwei Maxima (Pfeifton am stärksten) und zwei Minima (Pfeifton am schwächsten) gibt. Man muß deshalb wissen, in welchem Halbkreis (nördlich oder südlich bzw. westlich oder östlich) der angepeilte Sender steht.

• *Peilung mit Decca, Loran, SatNav oder GPS*

Viele seegehende Yachten sind heute mit einem elektronischen Navigationsgerät ausgerüstet:

– ein Gerät nach dem Hyperbelverfahren (Decca für Nord- und Ostsee, Loran-C für das Gebiet des Mittelmeers)

– ein Gerät der Satelliten-Navigation (SatNav mit Hilfe mehrerer, die Erde umkreisender Navigationssatelliten oder das neue und zukunftsweisende GPS mit geostationären Satelliten)

Alle Geräte haben – neben einigen Vor- und Nachteilen – gemeinsam, daß sie

– laufend die jeweilige Schiffsposition in Form der geographischen Breite (LAT, lateinisch LATITUDO) und der geographischen Länge (LONG, lateinisch LONGITUDO) nennen.

Die angezeigten Werte werden dann mit Hilfe eines Kartenzirkels am rechten oder linken Kartenrand (geographische Breite) und am oberen oder unteren Kartenrand (geographische Länge) abgetragen und auf der Kurslinie in der Seekarte markiert. Dort, wo sich die beiden Markierungen schneiden, befindet sich die vom Gerät angezeigte Schiffsposition (Abb. 81)

– nach Eingabe der Zielkoordinaten (geographische Breite und Länge) den zu steuernden Kurs ermitteln

– Kursabweichungen anzeigen bzw. Kurskorrekturen vorschlagen.

Nicht immer arbeiten die Geräte fehlerfrei, weswegen ihre Anzeigen stets mit den gekoppelten Werten verglichen werden sollten.

Abb. 81
Satelliten-
Navigation

Wenn's brettert und pfeift

Bei Starkwind oder Sturm scheint eine Segelyacht hilflos und in Gefahr. Befindet man sich in einem solchen Wetter jedoch an Bord, wirkt alles harmloser. Denn eine Segelyacht ist stabil gebaut und kann, sofern Skipper und Mitsegler erfahren und umsichtig sind, manchen Stürmen und Wellen trotzen. Selbst ein Gewitter auf See sieht meist viel schlimmer aus, als es für Schiff und Besatzung in Wirklichkeit ist.

In diesem letzten Hauptkapitel wollen wir beschreiben, wie Skipper und Mitsegler sich bei Starkwind und Sturm, bei Gewitter und im Nebel verhalten sollten und was in den einzelnen Situationen zu beachten ist. Da bei Schlechtwetterlagen Wetterbeobachtung und Seewetterberichte besonders wichtig sind, haben wir sie vorangestellt. Mit zusätzlichen Maßnahmen bei Nachtfahrten beenden wir dieses Kapitel, dessen Gliederungspunkte sind:

- *Das Wetter auf See*
  - Wetterbeobachtung
  - Seewetterbericht
- *Starkwind und Sturm*
  - Zusätzliche Sicherheitsmaßnahmen
  - Abwettern auf See
  - Vor Anker und im Hafen
- *Verhalten bei Gewitter*
- *Fahren und Segeln im Nebel*
- *Nachtfahrt*

Das Wetter auf See

Kein gewissenhafter Segler kann darauf verzichten, das Wetter ständig zu beobachten und zu prüfen, ob sich wesentliche Änderungen abzeichnen. Hierzu gehört auch das Abhören der Seewetterberichte. Nur so kann man bei aufziehendem Schlechtwetter rechtzeitig Vorsorge treffen.

Wetterbeobachtung
Folgende Merkmale müssen Gegenstand einer Wetterbeobachtung sein:

- *Sicht*
  Verringert die Sicht sich erheblich, so ist das meist ein erstes Anzeichen für eine beginnende Wetterverschlechterung; eine Ausnahme hiervon macht ein sich langsam auflösender Morgennebel, der gutes Wetter verheißt.
- *Wolken*
  Schlechteres Wetter verkünden
  - eine Zunahme der Bewölkung
  - hohe Wolken vom Westen her
  - dunkle Wolken
  - schnell ziehende, dichte Schäfchenwolken
  - hoch aufragende, geballte Gewitterwolken
  Für besseres Wetter sprechen
  - keine oder nur geringe Bewölkung
  - Abnahme der Bewölkung
  - einzelne Schäfchenwolken
- *Temperatur*
  Ein normaler Temperaturverlauf (morgens kühl, mittags heiß und

abends wieder kühl) bedeutet schönes Wetter; sinkende Temperaturen weisen im Sommer auf eine Wetterverschlechterung hin.

● *Wind*
Winddrehung nach anhaltender Schönwetterperiode läßt genauso schlechtes Wetter aufkommen wie eine Windzunahme abends und nachts. Nimmt der Wind dagegen im Laufe des Vormittags zu, um am Spätnachmittag langsam abzuflauen, so bedeutet dies gutes Wetter.

● *Luftdruck*
Bleibt der Luftdruck in einer Schönwetterperiode gleich oder steigt langsam an, so verkündet dies beständiges oder besseres Wetter. Fällt er dagegen ständig, so ist mit Schlechtwetter zu rechnen. Besondere Aufmerksamkeit muß einer schnellen Luftdruckänderung geschenkt werden: Fällt oder steigt der Luftdruck um ein Hektopascal (früher Millibar) je Stunde, so ist Starkwind oder gar Sturm zu erwarten. Deshalb ist es bei einem Törn auf offener See wichtig, daß der Barometerstand stündlich abgelesen wird (noch besser eignet sich ein aufzeichnender Barograph für die Wetterbeobachtung).

Seewetterberichte
Sie kommen vom Seewetteramt des Deutschen Wetterdienstes oder ähnlichen Einrichtungen im Ausland und werden von den Rundfunkanstalten und über Funk verbreitet. Frequenzen, Informationsgebiete, Sendezeiten und Inhalt der Wettermeldungen können dem erwähnten Yachtfunkdienst entnommen werden. Die meisten Segelyachten benutzen zum Empfang der Seewetterberichte Rundfunkgeräte mit entsprechenden Wellenbereichen (Grenzwellenempfänger); diese Geräte eignen sich auch für den normalen Radioempfang.

Beispiele für deutschsprachige Seewetterberichte im Mittelmeerraum:

Deutsche Welle, 6075 kHz:
Mo. – Fr.: ab 19.45 Uhr
Sa.: ab 19.35 Uhr
So.: ab 19.10 Uhr
Radio Österreich International, 6155 kHz:
Mo. – Sa.: 07.45 und 12.15 Uhr
(beide mit Wetterübersicht und Vorhersage sowie Stationsmeldungen)

Im Handel werden Plastiktafeln angeboten, auf denen man Übersicht und Vorhersage aufzeichnen und wieder löschen kann.

Starkwind und Sturm

Sie gehören ohne Zweifel zu den unangenehmsten Seiten des Segelns, verlieren aber an Gefahr, wenn man das Verhalten seiner Yacht bei Sturm und rauher See kennt, rechtzeitig zusätzliche Sicherheitsmaßnahmen trifft und sich umsichtig verhält. Nach der Beaufort-Skala sprechen wir von Starkwind bei Windstärke 6 und 7,

77

während Sturm bei Windstärke 8 beginnt: 8 kennzeichnet stürmischen Wind, 9 Sturm und 10 schweren Sturm.

Um nicht von Starkwind oder Sturm unvorbereitet überrascht zu werden, ist es zunächst, wie beschrieben, wichtig, daß man bei Ankündigung einer Schlechtwetterperiode das Wetter und den Luftdruck ständig beobachtet und den Seewetterbericht laufend abhört. Sofern das noch möglich ist, sollte man rechtzeitig einen Schutzhafen oder eine schützende Bucht anlaufen. Gefährlich kann es werden, wenn eine Yacht in Küstennähe vom Sturm überrascht wird und sogar in Legerwallposition gerät; in einem solchen Fall ist es besser, Starkwind oder Sturm auf offener See abzuwettern.

Eine andere Möglichkeit kann darin bestehen, einem herannahenden Sturm auszuweichen, indem man nach Backbord abläuft. (Merke: Dreht der Wind weiter nach rechts, dann liegt man im gefährlicheren Teil des Sturmtiefs.)

Zusätzliche Sicherheitsmaßnahmen
- *Sicherungen unter Deck*
  – Schließen und Sichern aller Lukendeckel
  – Stauen oder Festzurren aller losen Gegenstände
  – Genaue Positionsbestimmung durchführen
  – Heiße Getränke und Zwieback o. ä. bereitstellen
  – Gegebenenfalls Mittel gegen Seekrankheit einnehmen

– Schlechtwetterkleidung und Sicherheitsausrüstung anlegen.
- *Sicherungen an Deck*
  – Überprüfen und Stauen aller losen Gegenstände (z. B. Beiboot)
  – Abschotten des Niedergangs
  – Einpicken der Sicherheitsleine
  – Bereitstellen von Notsignalen
  – Vorbereiten der Rettungsschwimmkörper und der Rettungsinsel.

Abwettern auf See
- Abstand von der Küste halten, insbesondere bei auflandigem Wind (Legerwall)
- Rechtzeitiges Reffen von Groß- und Vorsegel
- Nie die Fahrt ganz verlieren (eventuell Motor mitlaufen lassen)
- Großen Wellen ausweichen, um das gefürchtete Querschlagen zu verhindern
- Beidrehen und Beiliegen (nur bei Langkielern): Wenden, Vorsegel back stehenlassen, Großsegel voll fieren und Ruder bis zum Anschlag nach Luv drehen
- Ist bei schwerem Sturm auch die kleinste Segelfläche noch zu groß, Groß- und Vorsegel ganz bergen: Die Yacht läuft jetzt vor Sturm und Wellen ab (Lenzen vor Topp und Takel). Um bei diesem Manöver nicht quer zur See zu schlagen (und damit in die Gefahr des Durchkenterns zu geraten), kann das Nachschleppen einer schweren Leine oder das Ausbringen eines Treibankers von Vorteil sein; diese Maßnahme

eignet sich jedoch nicht für jede Yacht und ist unter Fachleuten umstritten.

Vor Anker und im Hafen

● *Vor Anker*

Liegt man bei Starkwind oder Sturm vor Anker, so ist darauf zu achten, daß genügend Abstand von Land besteht und der Anker ausreichend tief eingegraben ist. Es empfiehlt sich, einen zweiten Anker vor Bug auszubringen und die Maschine zu starten, um bei Ausbrechen des Ankers sofort ein neues Ankermanöver durchführen zu können.

● *Im Hafen*

Liegt man bei Starkwind oder Sturm im Hafen, so sind die Festmacherleinen und Fender zu überprüfen und gegebenenfalls zusätzliche Leinen und Fender anzubringen.

Verhalten bei Gewitter

Die hier beschriebenen Maßnahmen gelten zusätzlich zu der genannten Einrichtung einer Blitzschutzanlage. Folgende Punkte sollten beachtet werden:

● jedes Besatzungsmitglied muß einen ausreichend großen Abstand (1,50 bis 2,00 Meter) zu Wanten, Stagen und Mast halten

● die Crew sollte sich möglichst unter Deck und von den elektrischen und elektronischen Instrumenten entfernt aufhalten

● alle elektrischen und elektronischen Geräte, die man nicht unbedingt benötigt, abgeschalten

● keine Ankermanöver durchführen

● an Deck Bootsschuhe tragen.

Fahren und Segeln im Nebel

Nebel ist kondensierter Wasserdampf, der die Sicht behindert oder sie völlig versperrt. Er kommt vor als Seenebel (in Form von Nebelbänken, die meist bald durchquert sind und die Sicht wieder freigeben) oder als großflächiger Nebel, der Stunden oder den ganzen Tag über andauern kann und gefürchtet ist. Bei Nebel sind folgende Verhaltensmaßregeln angebracht oder gesetzlich vorgeschrieben:

● Fährt die Yacht im Nebel mit Motor, so hat das den Vorteil, daß man im Notfall schneller manövrieren kann; nachteilig ist, daß wegen des eigenen Maschinengeräusches Nebelsignale von anderen Fahrzeugen nicht oder zu spät gehört werden. Läuft man dagegen unter Segel (sofern im Nebel überhaupt Wind weht), so hört man zwar die Nebelsignale anderer Fahrzeuge besser,

kann aber im Notfall schlechter manövrieren
- Ein Besatzungsmitglied muß während des Nebels als Ausguck am Bug stehen und laut rufen, wenn ein Ausweichmanöver erforderlich ist
- Bei Nebel ist Sicherheitsausrüstung anzulegen
- Ein Hafen oder eine Bucht sollte nur angelaufen werden, wenn absolut sicher ist, daß dies ohne Gefahr geschehen kann. Im allgemeinen ist es viel sicherer, in ausreichendem Abstand zur Küste auf die Auflösung des Nebels zu warten
- Sooft wie möglich, sollte eine Positionsbestimmung vorgenommen werden
- Die internationale Seestraßenordnung schreibt folgende Schallsignale bei Nebel oder schlechter Sicht vor:

- *Maschinenfahrzeuge*
  (auch Segelfahrzeuge unter Motor) alle 2 Minuten bei Fahrt einen, ohne Fahrt zwei lange Pfeiftöne; kann ein Maschinenfahrzeug unter 12 Meter Länge die vorgeschriebenen Signale nicht geben, so muß es alle 2 Minuten ein anderes kräftiges Schallsignal senden.
- *Segelfahrzeuge*
  alle 2 Minuten einen langen und zwei kurze Pfeiftöne; kann ein Segelfahrzeug unter 12 Meter Länge die vorgeschriebenen Nebelsignale nicht geben, so muß es mindestens alle 2 Minuten ein anderes kräftiges Schallsignal senden.

Es empfiehlt sich, im Fachhandel ein mit dem Mund zu blasendes Nebelhorn oder (besser) ein Nebelhorn mit Gaskartusche zu besorgen.

Nachtfahrt

- *Vorbereitung der Nachtfahrt*
  Für eine Nachtfahrt sind zusätzlich folgende Vorbereitungen zu treffen:

  - Warme Kleidung anziehen
  - Sicherheitsausrüstung anlegen
  - Heiße Getränke bereitstellen
  - Positionslichter und Topplicht überprüfen
  - Suchscheinwerfer, Taschenlampe und Leuchtfeuerverzeichnis bereitlegen
  - Nachttörn mit allen Einzelheiten planen

  - mit dem Törnziel (Hafen, Ankerplatz) vertraut machen, sofern es bei Dunkelheit angelaufen wird
  - alle Leuchtfeuer der Reihenfolge nach mit ihren Merkmalen notieren
  - Nachtwachen einteilen und Verantwortungen festlegen
- *Lichterführung*
  Segelyachten führen
  - ein weißes Topplicht am Mast (aber nur bei Fahrt mit Motor)
  - ein grünes Seitenlicht an Steuerbord
  - ein rotes Seitenlicht an Backbord
  - ein weißes Hecklicht

Bei Segelfahrzeugen unter 20 Meter Länge dürfen die Seitenlichter auch in einer Zweifarbenlaterne am Bug geführt werden.

Maschinenfahrzeuge führen – neben Seitenlichtern und Hecklicht – immer ein Topplicht; bei über 50 Meter Länge muß ein zweites Topplicht gesetzt sein.

- *Fahr- und Ausweichregeln bei Nacht*
  Auch bei Nacht gelten Fahr- und Ausweichregeln. Sie sind in den Abb. 82 bis 86 dargestellt. Im einzelnen:
  - Entgegenkommende Fahrzeuge: Kommt grün, weiß, rot voraus in Sicht, leg Steuerbordruder, zeig rotes Licht! (Abb. 82)

  g = grünes Positions-Licht
  r = rotes Positions-Licht
  T = weißes Topplicht
  H = weißes Hecklicht

  - Vorbeifahrende Fahrzeuge: Grün an grün, rot an rot – geht alles klar, hat keine Not! (Abb. 83 und 84)

Abb. 83

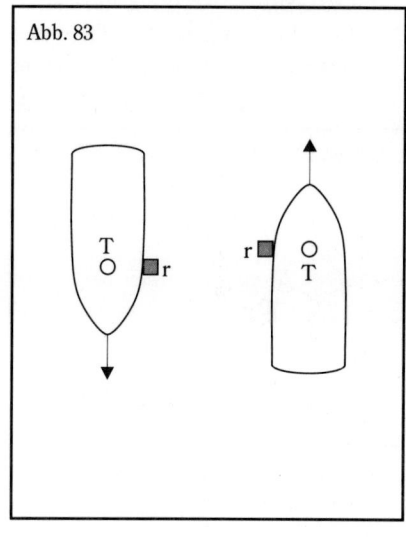

Abb. 82

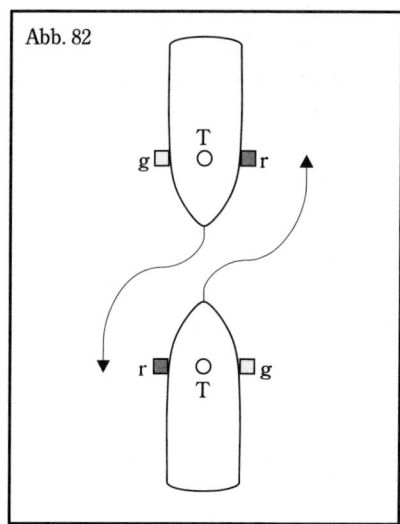

Abb. 84

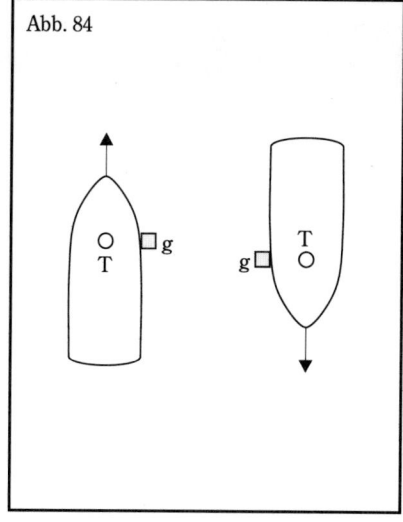

– Von rechts kommendes Fahrzeug: Rotes Seitenlicht und Topplicht heißt, das andere Fahrzeug hat Vorfahrt. (Abb. 85)

– Von links kommendes Fahrzeug: Grünes Seitenlicht und Topplicht heißt, eigenes Fahrzeug hat Vorfahrt.

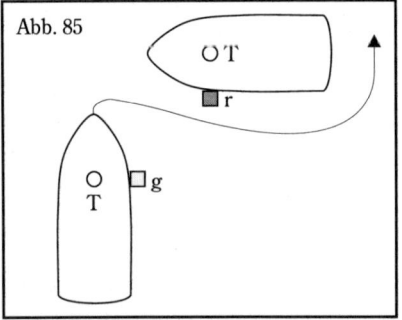

Abb. 85

– Weißes Hecklicht: Das andere Fahrzeug läuft voraus; beim Überholen nach Backbord ausweichen. (Abb. 86)

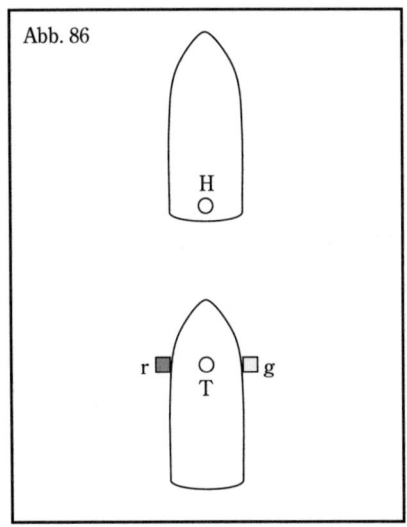

Abb. 86

• *Navigation bei Nacht*

Bei Nacht ersetzen Leuchtfeuer die Landmarken bei der Kursermittlung und Positionsbestimmung. Um die Leuchtfeuer an Land (Leuchttürme) und auf See (Leuchttonnen und Feuerschiffe) sicher identifizieren zu können, sind in den Seekarten bzw. im Leuchtfeuerverzeichnis folgende Merkmale eingetragen:

– *Bezeichnung des Leuchtfeuers*

– *Kennung*
  Festfeuer (F.)
  Feuer mit gleichbleibender Stärke
  Beispiel: F.r. bedeutet Festfeuer rot.
  Unterbrochenes Feuer (Ubr.)
  Feuer mit Unterbrechungen
  Beispiel: Ubr. (2) bedeutet unterbrochenes Feuer mit 2 Unterbrechungen.
  Gleichtaktfeuer (Glt.)
  Feuer, bei dem Schein und Verdunkelung gleichlang sind
  Beispiel: Glt. w. bedeutet Gleichtaktfeuer weiß.
  Blinkfeuer (Blk.)
  Blinkfeuer mit Einzelblinken oder Blinkgruppen
  Beispiel: Blk. (3) bedeutet Blinkfeuer mit Gruppen von 3 Blinken
  Blitzfeuer (Blz.)
  Blitzfeuer mit Einzelblitzen oder Blitzgruppen
  Beispiel: Blz. (2 + 1) bedeutet Blitzfeuer mit Gruppen von 2 Blitzen und 1 Einzelblitz.

Funkelfeuer (Fkl.)
schnelle aufeinanderfolgende Blitze mit Dauerfunkeln oder Funkelgruppen
Beispiel: Fkl. (4) bedeutet Funkelfeuer mit Gruppen von 4 Funkeln.

– *Wiederkehr*
Die Wiederkehr eines Leuchtfeuers ist die Zeit vom Beginn einer Lichterscheinung über die Dunkelphase bis zum Einsetzen der nächsten Lichterscheinung.
Beispiel: Blz. (2), 12s bedeutet Blitz (1 Sekunde), Blitz (1 Sekunde), Dunkelphase (10 Sekunden), zusammen eine Wiederkehr von 12 Sekunden.

– *Lichtweite*
Die Lichtweite bezeichnet den Abstand, bei dem ein Leuchtfeuer bei guter Sicht und bei 5 Meter Augenhöhe gerade noch an der Kimm sichtbar ist; Angabe in Seemeilen (sm).

Das Leuchtfeuerverzeichnis enthält über die Angaben in der Seekarte hinaus noch die genaue Beschreibung mit Höhe und Position des Leuchtfeuers; die Höhe wird, wie erwähnt, für eine Abstandsbestimmung bei der Landnavigation benötigt.

Ein Richtfeuer ist ein besonderes Leuchtfeuer zur Navigation in engen Fahrwassern sowie Hafen- und Buchteinfahrten. Es besteht aus einem Unter- und (dahinter stehenden) Oberfeuer. Meist handelt es sich um zwei Dreiecke, die nachts durch unterschiedliche Blinkfeuer gekennzeichnet sind. Befinden sich beide Dreiecke (bzw. Leuchtfeuer) übereinander in Dekkung, so führt der gesteuerte Kurs sicher an Untiefen und Klippen vorbei. Sieht der Rudergänger dagegen das untere Seezeichen (bzw. Leuchtfeuer) links vom oberen, so muß er den Kurs nach Backbord, steht es rechts vom oberen, nach Steuerbord korrigieren.

Erklärung der Bordsprache

A

Abtrift	seitliche Versetzung einer Segelyacht nach Lee
abfallen	den Kurs nach Lee ändern
Ablegemanöver	alle mit dem Ablegen verbundene Arbeiten
Ablenkung	Ablenkung der Kompaßnadel vom magnetischen Nordpol, durch Eisenteile in der Nähe verursacht
abschlagen	das Großsegel vom Großbaum oder das Vorsegel vom Vorstag entfernen
abschotten	das Schiffsinnere gegen Wassereinbruch sichern
Abstandsbestimmung	Methode zur Bestimmung des Abstandes zwischen Schiff und einem Punkt an Land
abwettern	bei Starkwind oder Sturm Maßnahmen ergreifen, um mit der Yacht das Ende des Schlechtwetters auf See abzuwarten
achteraus	siehe recht achteraus
Achterdeck	das hintere Deck einer Yacht
Achterleine	Festmacherleine, die die Yacht beim Anlegen nach hinten sichert
achterlicher Wind	Wind, der von hinten weht
Achterliek	der hintere Rand eines Segels
achtern	hinten
Achterspring	Festmacherleine, zur zusätzlichen Sicherung beim Anlegen, vom Heck zur Mitte an Land geführt
Achterstag	Abstützung des Mastes nach hinten
Achtknoten	Knoten, der Tauwerk gegen Durchlaufen sichert
Admiralitätsanker	oder Stockanker; ein herkömmlicher Anker, der heute bei Yachten nur als Notanker benutzt wird
Ankerball	zusammenklappbarer schwarzer Ball, der bei Tage zur Kennzeichnung eines ankernden Schiffes gesetzt werden muß
Ankerboje	Boje zur Kennzeichnung des Platzes, an dem der Anker auf Grund liegt
Ankergeschirr	neben dem Anker alle Einrichtungen zum Ankern: Ankerkette, Ankerwinde, Reitgewicht, Ankerboje
Ankerkasten	Kasten vorn und hinten im Deck zur Aufbewahrung der Anker, Ankerkette usw.
Ankerkette	Kette zum Festhalten des Ankers
Anker klarieren	Lösen eines verhakten Ankers

Ankerleine	Leine zum Festhalten des Ankers bei kleineren Yachten
Ankerlicht	Kennzeichnung eines ankernden Schiffes bei Nacht mit elektrischen Topplicht oder Ankerlaterne
Anker lichten	Heraufholen eines Ankers
Ankermanöver	alle mit dem Ankern verbundenen Arbeiten
Ankerrolle	eine Rolle am Bug, über die die Ankerkette läuft
Ankerwinde	manuelle Einrichtung zum Holen des Ankers
Ankerwinsch	elektrische Einrichtung zum Holen des Ankers
Anlegemanöver	alle mit dem Anlegen verbundene Arbeiten
anluven	den Kurs nach Luv ändern
anschlagen	das Großsegel am Großbaum oder das Vorsegel am Vorstag anbringen
Arbeitsfock	mittelgroßes Vorsegel
ausschießen	Tauwerk richtig zusammenlegen
Augbolzen	Schraubbolzen mit einem Auge dran
Auge	Schlinge im Tauwerk oder im Bolzen
ausbaumen	Vorsegel oder Spinnaker mit einem Baum von der Yacht weghalten
ausreffen	ein Reff aus dem Segel herausnehmen
ausschäkeln	einen Schäkel öffnen
Ausweichmanöver	einem anderen Schiff ausweichen
Ausweichregeln	Regeln zum Ausweichen nach der Seestraßenordnung
Autopilot	elektrisch/mechanisch betriebenes Gerät zum Steuern eines Schiffes

B

back	ein auf der Luvseite stehendes Vorsegel
Backbord	die linke Seite eines Schiffes, von hinten aus gesehen
Backbordbug	man segelt über Backbordbug, wenn die Segel an Backbord stehen
Backbord achteraus	die Richtung nach hinten schräg links
Backbord querab	die Richtung nach links zur Seite
Backbord voraus	die Richtung nach vorn schräg links
Backskiste	verdeckter Stauraum unter einer Sitzbank im Cockpit
Bändsel	dünnes Tauwerk
Barograph	Gerät zum Messen und Aufzeichnen des Luftdrucks
Barometer	Gerät zum Messen des Luftdrucks
Baum	waagerecht stehende Spiere: Groß-, Fock-, Spinnaker- und Besanbaum

Baumniederholer	Talje unter dem Großbaum, um ein Hochgehen des Baums bei achterlichem Wind zu verhindern
Beaufort-Skala	nach dem englischen Admiral Beaufort genannte Windskala mit Einteilung von Windstärke 0 (kein Wind) bis Windstärke 12 (Orkan)
beidrehen	Segelmanöver, um eine Segelyacht im Sturm oder beim Mann-über-Bord-Manöver treiben zu lassen
beiliegen	Zustand nach dem Beidrehen
belegen	ein Ende auf einer Klampe, einem Poller oder einen Ring befestigen
Bergeschlauch	oder Bergesack; Schlauch zum Bergen eines Blisters
Bilge	tiefster Punkt eines Schiffes zum Sammeln von Schmutzwasser
Bindereff	Reff mit Einbinden des Großsegels
Blinkboje	Rettungsboje mit Blinkeinrichtung
Blinkfeuer	Leuchtfeuer mit langsamem Blinklicht
Blister	leicht zu handhabendes Beisegel
Blitzschutzanlage	Einrichtung zur Sicherung einer Yacht gegen Blitzeinschlag
Block	Gehäuse mit einer oder mehreren Rollen zum Führen von Tauwerk, hauptsächlich bei Taljen verwendet
Bogenminute	der sechzigste Teil eines Längengrades
Boje	Schwimmkörper zur Kennzeichnung eines Gegenstandes auf dem Meeresgrund
Bootshaken	langstieliger Haken als Hilfe beim An- und Ablegen
Bootsmannsstuhl	Sitz mit Sicherheitsgurt zum Heißen auf den Mast
Breitengrad	geographische Breite auf der Seekarte, in Breitengrade unterteilt
Bruce-Anker	Anker, ähnlich dem Pflugschar-Anker
Bucht	hier: Ringform, in der eine Leine aufgeschossen wird
Bug	der vordere Teil eines Schiffes
Bugkorb	Verstärkung der Reling am Bug eines Schiffes
Bullenstander	Leine zum Sichern des Großbaums gegen unbeabsichtigtes Übergehen beim Segeln vor dem Wind

C

Cockpit	achterliche Vertiefung im Deck als Aufenthaltsraum für die Besatzung beim Segeln

Cockpitsüll	siehe Waschbord
CQR-Anker	siehe Pflugschar-Anker

D

Danforth-Anker	Anker, ähnlich dem Pflugschar-Anker
Davit	schwenkbare, kranartige Vorrichtung zum Stauen des Beiboots
Deck	die obere Fläche eines Schiffsrumpfes
Deviation	siehe Ablenkung
Deviationstabelle	Tabelle mit der bei den einzelnen Kursen zu berücksichtigende Ablenkung
dichtholen	einen Fall, eine Schot oder eine Leine fest durchholen
Dirk	Leine, am Ende des Großbaums befestigt, zum Festhalten des Großbaums bei geborgenem Segel
durchkentern	Drehen um die Schiffslängsachse, in schwerem Sturm möglich

E

Echolot	Tiefenmesser eines Schiffes auf der Grundlage von Schallsignalen
einschäkeln	einen Schäkel schließen
Ende	ein abgepaßtes Stück Tauwerk: Leine, Fall, Schot und andere
Einfahrtfeuer	Leuchtfeuer an Hafen- und Buchteinfahrt

F

Fahrhebel	Hebel an der Steuersäule zur Regulierung der Fahrt eines Schiffes
Fahrregeln	in der Seestraßenordnung festgelegte Regeln für das Fahren von Maschinenfahrzeugen
Fahrwasserbezeichnung	Betonnung eines Fahrwassers
Fall	ein Ende aus Draht und/oder Tauwerk zum Setzen eines Segels
Fender	Polster aus elastischem Material, zum Schutz gegen Beschädigung eines Schiffes

87

feste Part	die Seite eines Endes, an der das Schiff oder ein anderer Gegenstand befestigt ist
Festfeuer	Leuchtfeuer von gleichbleibender Stärke
Festmacher(leine)	starkes Ende zum Festmachen eines Schiffes
fieren	oder auffieren; einer Leine oder Schot mehr Lose geben
Fock	siehe Vorsegel
Fockbaum	Baum bei einer Selbstwendefock
Fockfall	Fall zum Setzen des Vorsegels
Fockschot	siehe Vorschot
Fockschot-Leitschiene	Schiene, an beiden Seiten auf Deck angebracht, zum Führen der Vorschot
Focksegel	siehe Vorsegel
Flaggleine	dünne Leine zum Anstecken von Flaggen (an Steuerbord: Gastlandflagge, an Backbord: Clubstander), unterhalb der Saling
Freibord	oder Freibordhöhe; Höhe zwischen Wasserlinie und Deck
Funkelfeuer	Leuchtfeuer mit schnellen Funkeln
Funkfeuer	Funksender in Küstennähe zum Anpeilen bei der Funknavigation
Funknavigation	Positionsbestimmung durch Anpeilen eines Funkfeuers
Funkpeiler	Gerät zum Anpeilen eines Funkfeuers
Funkpeilung	Anpeilen eines Funkfeuers

G

Gaffelsegel	Segel, das nicht nur vom Großbaum, sondern oben von einer Gaffel gehalten wird
GFK	glasfaserverstärkter Kunststoff
Gegenkurs	gegenüber dem gegenwärtigen Steuerkurs ein um 180 Grad versetzter Kurs
Gegenruder	das Steuerrad in entgegengesetzte Richtung drehen
gegensteuern	Gegenruder geben
Genua	größtes Vorsegel
geographischer Nordpol	der nördliche Endpunkt der Erdachse
Gezeitengewässer	Segelrevier mit auftretenden Gezeiten
Gleichtaktfeuer	Leuchtfeuer mit gleichlang dauernder Licht- und Dunkelphase

Gräting	Holzrost im Cockpit
Grenzwellenempfänger	Gerät zum Empfangen von Wetterberichten auf Grenzwelle (1,6 bis 4,0 MHz)
Großbaum	am Mast angebrachter Baum, der das Großsegel trägt
Großbaumnock	hinteres Ende des Großbaums, an dem die Dirk und (zeitweise) der Bullenstander befestigt sind
Großfall	Fall zum Setzen des Großsegels
Großschot	Schot zum Dichtholen und Fieren des Großsegels
Großsegel	Hauptsegel einer Segelyacht, am Großbaum angeschlagen
Grundleine	siehe Muringleine

H

Hafenhandbuch	Handbuch mit Einzelheiten über Häfen und Buchten
Hafenkarte	Detail-Seekarte für ein Hafengebiet
halber Schlag	Durchstecken eines Endes nach einem Rundtörn
halbkardanisch	hier: Ausschwenken des Herdes nach vorn und hinten
Hals	das vordere untere Auge eines Segels
halsen	Segelmanöver, bei dem die Yacht mit dem Heck durch den Wind geht
Handfunkpeiler	nicht fest eingebautes Peilgerät
Handlauf	Befestigung auf den Aufbauten zum Festhalten bei Seegang
Handlot	Vorrichtung (Leine und Gewicht) zum manuellen Tiefenmessen
Heck	hinterer Teil eines Schiffes
Heckkorb	Verstärkung der Reling am Heck eines Schiffes
Hecklicht	weiße Positionslampe, am Heck eines Schiffes angebracht
Hektopascal	Einteilung beim Messen des Luftdrucks
heißen	mit dem Fall das Segel oder eine Person den Mast heraufziehen
Hochsegel	Segel, das am Großbaum angeschlagen ist: typisches Segel bei einer Segelyacht
Hubkieler	Kiel, der teilweise heraufgeholt werden kann

I

Impeller	kleines Schaufelrad beim Sumlog

J

Jolle	Segelboot mit Schwert

K

Kartenkurs	Kurs in der Seekarte, auch rechtweisender Kurs genannt
Kartenzirkel	Stechzirkel zum Abgreifen von Kursen und Entfernungen
Katamaran	Segelyacht mit zwei Rümpfen
Kennung	die charakteristischen Merkmale eines Leuchtfeuers
Kennzeichnung von Gefahrenstellen	nach Quadranten unterschiedene Kenntlichmachung von Gefahrenstellen durch Toppzeichen und Farbe
Kettenvorlauf	Ankerleine mit eingespleißter Kette
Ketsch	Segelyacht mit zwei Masten: Hauptmast und Besanmast
Kiel	unterer Teil des Rumpfes, aus Blei oder Gußeisen bestehend
killen	Auswehen (Flattern) eines Segels, wenn der Wind genau von vorn kommt
Kimmkieler	Segelyacht mit zwei parallel angeordneten Kielen zum besseren Trockenfallen
Klampe	Beschlag auf Deck oder am Mast zum Belegen von Leinen, Fallen und Schoten
Klüse	röhrenförmiges Loch auf Deck zum Führen der Ankerkette in den Ankerkasten
Knoten	1. Fahrtgeschwindigkeit (Seemeilen je Stunde)
	2. Knoten bei Leinen, Fallen und Schoten
Kompaß	Gerät zur Navigation, meist in der Steuersäule integriert
Kompaßkurs	oder Steuerkurs; Kurs, nach dem gesteuert wird
Kompaßnadel	freischwingende Nadel beim Kompaß, die, wenn sie nicht abgelenkt wird, zum magnetischen Nordpol zeigt
Kompaßrose	Einteilung des Kompasses in 360 Grad
kompensieren	Ausgleich der Ablenkung beim Kompaß durch Anbringung kleiner Magnete in Kompaßnähe
Kopfschlag	Sicherung einer aufgeschossenen Leine gegen unbeabsichtigtes Aufgehen
Koppelnavigation	Bestimmung von Kurs und Position durch Nachhalten der Fahrt aufgrund von Kurs, Zeit und Geschwindigkeit

krängen	Neigung einer Yacht zur Seite hin beim Segeln am Wind
kreuzen	Segelmanöver, bei dem, weil der Wind von vorn kommt, mehrfach gewendet werden muß
Kreuzknoten	Knoten zum Verbinden zweier gleichstarker Enden
Kreuzpeilung	Verfahren zur Abstandsbestimmung, bei dem zwei Landmarken gepeilt werden
Küstenkarte	Seekarte zum Navigieren im Küstenbereich
Kursdreieck	Dreieck zum Einzeichnen eines Kurses in der Seekarte
Kurslinie	geplanter Kurs in der Seekarte
Kursermittlung	Methode zur Ermittlung eines Steuerkurses
kurzer Schlag	kurze Strecke beim Kreuzen
Kurzkieler	Segelyacht mit kurzem, nach unten gestrecktem Kiel

L

Ladegerät	Gerät zum Laden der Bordbatterien mit Hilfe von 220 Volt Landstrom
Länge über alles (LüA)	Länge einer Segelyacht unter Einbeziehung von evtl. vorhandenem Vor- und Achtersteven
Längengrad	geographische Länge auf der Seekarte, in Längengrade und Bogenminuten unterteilt
Längsstrich	hier: Unterteilung eines Längengrades
Landmarke	besonderes Küstenmerkmal für die Landnavigation
Landnavigation	Navigation mit Hilfe von Landmarken durch Peilung und Abstandsbestimmung
langer Schlag	lange Strecke beim Kreuzen
Langkieler	Segelyacht mit langem, meist über die ganze Schiffslänge verlaufendem Kiel
laufendes Gut	Fallen, Schoten, Leinen, Dirk und Baumniederholer
Lee	die dem Wind abgewandte Seite
Lee-Vorschot	die in Lee benutzte Vorschot
Leck	Loch oder Riß im Schiffsrumpf
Legerwall	Küste, die an der Leeseite einer Yacht liegt und bei auflandigem Wind zur Gefahr werden kann
Leine	Tauwerk für viele Zwecke: Festmacherleine, Reffleine, Flaggleine und andere
Leitöse	Öse, durch die ein Ende läuft
lenzen	Wasser aus dem Schiff pumpen
Lenzen vor Topp und Takel	ohne Segel vor einem Sturm ablaufen

Leuchtfeuer	befeuertes Seezeichen zur Navigation bei Nacht
Leuchtfeuerverzeichnis	vom DHI herausgegebenes Verzeichnis aller Leucht-feuer eines Gebietes
Leuchttonne	befeuertes Seezeichen im Wasser
Leuchtturm	befeuertes Seezeichen an Land
Lichterführung	in der Seestraßenordnung vorgeschriebene Führung von Lichtzeichen bei Nacht
Lichtmaschine	Teil des Motors zum Aufladen der Bordbatterien bei Motorfahrt
Lichtweite	Reichweite eines Leuchtfeuers
Lippklampe	Beschlag zum Führen einer Festmacherleine
Log	siehe Sumlog
Loran	Gerät zur Funknavigation, im Mittelmeer vorherrschend
lose Part	die Seite eines Endes, an der die Leine geholt wird
Lot	siehe Echolot
Lümmel	Verbindung zwischen Mast und Großbaum
Lümmelbeschlag	Beschlag am Großbaum, Teil des Lümmels
Lümmellager	Beschlag am Mast, Teil des Lümmels
Luftdruck	der atmosphärische Druck der Luft, wetterbeeinflussend
Luv	die dem Wind zugewandte Seite
Luv-Vorschot	die in Luv unbenutzte Vorschot

M

Magnetkompaß	siehe Kompaß
magnetischer Nordpol	nördlicher Endpunkt des Erdmagnetfeldes, vom geogra-phischen Nordpol etwas versetzt
Mann-über-Bord-Manöver	Manöver unter Motor oder Segel, um ein über Bord gefallenes Besatzungsmitglied zu bergen
Maschinenfahrzeug	nach der Seestraßenordnung ein Fahrzeug, das unter Motor fährt, auch wenn es gleichzeitig Segel gesetzt hat
Mastfuß	das untere Ende des Mastes, meist auf Deck stehend
Masttopp	das obere Ende des Mastes mit Ankerlicht, Windmeßge-rät und Antennen
Mayday Mayday Mayday	international gültige Einleitung einer Seenotmeldung
Medico-Gespräch	funkärztliche Beratung

Mehrfachblock	Block mit mehreren, sich drehenden Scheiben
Mercatorprojektion	winkeltreue Abbildung der Erdoberfläche
Meridian	anderer Ausdruck für Längengrad
Minimumpeilung	Funkpeilung, bei der die Richtung mit dem geringsten Peilgeräusch auf den Funksender weist
Mißweisung	vom geographischen Nordpol ablenkende Kompaßnadel, durch den Erdmagnetismus bedingt
mitkoppeln	siehe Koppelnavigation
Mittelwant	mittlere Want der meist aus drei Wantenpaaren bestehenden seitlichen Abstützung des Mastes
Muringleine	oder Grundleine; Leine zum Festmachen, an einem auf dem Hafengrund liegenden Muringstein befestigt

N

Navigation	Bestimmung von Position und Kurs eines Schiffes
Navigationsgerät	Gerät zur Funknavigation
Navigationswerkzeug	Bleistift, Radiergummi, Kursdreieck, Dreieck, Kartenzirkel und Fernglas
Navigator	Besatzungsmitglied, das für die Navigation verantwortlich ist
Nebelhorn	mundgeblasenes oder durch Gas betriebenes Horn zum Senden von Nebelsignalen
Niedergang	Treppe vom Cockpit ins Schiffsinnere
Notanruf	erster Teil einer Seenotmeldung
Notkanal	international festgelegter Kanal (Kanal 16) für Notrufe
Notmeldung	Bestandteil einer Seenotmeldung
Nullmeridian	Längengrad Null in der Nähe Londons

O

Oberfeuer	oberer Teil eines Richtfeuers
Oberlicht	trittfestes Fenster auf Deck
Oberwant	obere Want zwischen Salingende und Masttopp

P

Palstek	Knoten, um ein Auge zu bekommen, das sich nicht von selbst zusammenziehen kann

Passiv-Radar	siehe Radarreflektor
Patenthalse	unbeabsichtigte Halse durch Kursänderung oder Winddrehung
Peilzeichen	Drücken der Sprechtaste beim UKW-Gerät für 5 Sekunden, um eine Peilung durch ein fremdes Schiff zu ermöglichen
Persenning	Kleid zum Abdecken des Großsegels
Pflugschar-Anker	Anker mit pflugähnlichem Unterteil zum Eingraben in den Meeresgrund
Pinnensteuerung	Steuern einer Yacht durch eine Ruderpinne
Poller	Pfahl aus Holz oder Eisen zum Festmachen eines Schiffes
Positionsbestimmung	Methode zum Bestimmen der Schiffsposition
Positionslichter	grünes Seitenlicht an Steuerbord, rotes Seitenlicht an Backbord und weißes Hecklicht
Pütting	Beschlag, in Rumpf oder Deck eingelassen, zum Befestigen eines Wantenspanners

Q

Q-Wende	Segelmanöver, bei dem der neue Kurs statt durch Halsen mit Hilfe eines Wendemanövers erreicht wird
querab	die Richtung zur Seite eines Schiffes

R

Radarreflektor	Metallspiegel zur Radarerkennung einer Yacht durch fremde Schiffe
Radsteuerung	Steuern einer Yacht mit Hilfe eines Steuerrades
Rahsegel	rechteckiges Segel, an einer Rah gefahren; nur bei großen Segelschiffen
recht achteraus	die Richtung genau hinter dem Schiff
recht voraus	die Richtung genau vor dem Schiff
reffen	Verringern der Segelfläche bei Starkwind oder Sturm
Reffbändsel	Tampen zum Festhalten des Segeltuchs auf dem Großbaum nach dem Reffen
Reffhaken	Haken links und rechts am Großbaum zum Einhängen der Reffkausch

Reffkausch	Auge vorn und achtern je Bindereff, zum Einhängen in den Reffhaken (vorn) bzw. für die Reffleine (achtern)
Reffleine	beim Großsegel: Leine zum Dichtholen des Achterlieks beim Reffen
	beim Vorsegel: Leine zum Aufrollen des Vorsegels auf dem Vorstag
Reitgewicht	Gewicht oder Anker zum Beschweren der Ankerkette
Reitschäkel	Schäkel zum Gleiten der Reitgewicht-Fangleine auf der Ankerkette
Reling	System zum Sichern gegen Überbordfallen, aus Relingsstützen und Relingsdraht bestehend
Relingslog	einfaches Log zum Messen der Fahrtgeschwindigkeit mit Hilfe eines über die Reling geworfenen Gegenstandes
Restablenkung	Ablenkung der Kompaßnadel, die durch Kompensieren nicht ausgeglichen werden kann
Rettungsinsel	aufblasbares Gummifloß zur Sicherung der Besatzung, wenn eine Yacht aufgegeben werden muß
Rettungsschwimmkörper	Rettungsring aus festem Material
Rettungsweste	automatisch oder durch Ziehen aufblasbare, ohnmachtssichere Schwimmweste
Richtfeuer	befeuertes Seezeichen für die Navigation in engem Fahrwasser, aus Ober- und Unterfeuer bestehend
Rigg	oder Takelage; Zusammenfassung der Spieren (Mast und Baum), des stehenden und laufenden Gutes sowie der Segel
Rollfock	Vorsegel, das beim Reffen und Bergen eingerollt wird und am Vorstag angeschlagen bleibt
Rolltrommel	Bestandteil der Rollfock zum Aufrollen der Reffleine
Ruder	Einrichtung zum Steuern eines Schiffes, aus Ruderblatt, Ruderschaft, Ruderkoker und Ruderkopf bestehend
Rudergänger	Steuermann einer Segelyacht
Rundtörn	Teil eines Knotens (Rundtörn und zwei halbe Schläge)
Rutscher	Beschläge auf der Fockschot-Leitschiene zum Führen der Vorschot
S	
Saling	Querstück aus Aluminium am Mast zum Abspreizen der Wanten

Satelliten-Navigator (SatNav)	Gerät zur Positionsbestimmung mit Hilfe von Erdsatelliten
Schäkel	Verbindungsstück zwischen Segeln, stehendem und laufendem Gut
scheinbare Windstärke	Windstärke, die nicht nur den wahren, sondern auch den Fahrtwind berücksichtigt
scheinbarer Windwinkel	Windwinkel, der nicht nur den wahren, sondern auch den Fahrtwind berücksichtigt
Schiffslängsachse	gedachte Achse eines Schiffes, in Längsrichtung gesehen
Schiffsposition	der Ort, an dem sich ein Schiff gerade befindet
Schiff in den Wind drehen	Schiff so steuern, daß der Wind genau von vorn kommt
Schleppleine	dicke Leine zum Abschleppen eines Schiffes
Schnappschäkel	schnell zu schließender und zu öffnender Schäkel
Schot	Tauwerk zum Dichtholen und Fieren der Segel: Groß-, Vor- und Spinnakerschot
Schothorn	das hintere untere Auge eines Segels zum Befestigen der Schot
Schraubschäkel	Schäkel, der durch Drehen eines Bolzens geschlossen und geöffnet wird
Schwert	versenkbarer »Kiel« einer Segeljolle
schwojen	Hin- und Herdrehen eines Schiffes vor Anker, durch den Wind verursacht
Seehandbuch	Handbuch über Schiffahrtsvorschriften
Seekarte	Karte eines Seegebietes, zur Navigation unbedingt erforderlich
Seemeile	Längenmaß auf See (1852 Meter)
Seenot	Notfall, bei dem unmittelbare Gefahr für Besatzung und Schiff besteht
Seenotmeldung	Rufverfahren bei Seenot
Seenotsignal	Abfeuern einer Seenotrakete
Seeventil	Öffnung im Schiffsrumpf zum Hinauspumpen von Wasser und Fäkalien
Seezeichen	Zeichen an der Küste und im Wasser als Navigationshilfe
Segel	die Segel einer Yacht; bei einer Slup aus Groß-, Vor- und Beisegel bestehend
Segelfahrzeug	nach der Seestraßenordnung ein Fahrzeug, das nur unter Segel fährt

Segelkurs	der Steuerkurs, den eine Yacht segelt
Segelmanöver	die möglichen Manöver beim Segeln: Wenden, Kreuzen, Halsen, Q-Wende und Beidrehen
segeln am Wind	segeln schräg gegen den Wind
segeln mit achter- lichem Wind	segeln mit Wind von hinten
segeln mit halbem Wind	segeln mit Wind von der Seite
segeln mit raumem Wind	segeln mit Wind von schräg hinten
Seitenlichter	Positionslichter: grün an Steuerbord, rot an Backbord
selbstholende Winsch	Winsch, bei der das Fall oder die Schot in eine Vertiefung der Winsch eingeklemmt wird
selbstlenzend	das von außen eingedrungene Wasser fließt von selbst wieder ab
Selbststeueranlage	Windfahnensteuerung und Autopilot
Selbstwendefock	Vorsegel, das beim Wenden von selbst übergeht
Sicherheitsausrüstung	persönliche Sicherheitsausrüstung eines jeden Besatzungsmitglieds, aus Sicherheitsgurt, Sicherheits- leine und Rettungsweste bestehend
Signal Flash	Armbinde mit Blitzlicht für Nachtfahrten
Signalpistole	Pistole zum Abschießen von Seenotsignalen; Waffen- besitzkarte erforderlich
Slup	Segelyacht mit *einem* Mast
Sorgleine	Drahttauwerk, auf Aufbauten oder Deck befestigt, zum Einpicken der Sicherheitsleinen
Spiegelheck	glatter Abschluß des Hecks bei einer Segelyacht
Spiere	anderer Ausdruck für Mast und Baum
Spinnaker	großflächiges, ballonähnliches Beisegel für einen Vorwindkurs bei leichtem Wind
Spinnakerbaum	Spiere zum Ausbaumen des Spinnakers
Spinnakerfall	Fall zum Setzen des Spinnakers
Spinnakerschot	Schot zum Dichtholen und Fieren des Spinnakers
Spinne	Vorrichtung am Großbaum zum leichteren Festbinden des Großsegels nach dem Auftuchen (anstelle von Zei- singen)
Sprayhood	oder Spritzwasserverdeck; Schutz auf dem vorderen Waschbord gegen überkommendes Spritzwasser
Stag	stehendes Gut zur vorderen (Vorstag) und hinteren (Achterstag) Abstützung des Mastes

Standlinie	gepeilte Linie vom Schiff zum Land oder Funksender
Starkwind	Windstärke 6 oder 7
stauen	in der Umgangssprache: verstauen
Steuerbord	die rechte Seite eines Schiffes, von hinten aus gesehen
Steuerbordbug	man segelt über Steuerbordbug, wenn die Segel an Steuerbord stehen
Steuerbord achteraus	die Richtung nach hinten schräg rechts
Steuerbord querab	die Richtung nach rechts zur Seite
Steuerbord voraus	die Richtung nach vorn schräg rechts
Steuerkurs	siehe Kompaßkurs
Steuerrad	Handrad im Cockpit, mit dem die Yacht gesteuert wird
Steuersäule	säulenähnliche Einrichtung im Cockpit mit Steuerrad, Fahrhebel und Kompaß
Stockanker	siehe Admiralitätsanker
Strichplatte	Einrichtung beim Fernglas als Hilfe zur Abstandsbestimmung
Sturm	Windstärke 8 bis 10
Sturmfock	kleinstes Vorsegel zum Segeln bei Sturm
Sumlog	Einrichtung zum Messen der Fahrtgeschwindigkeit mit Hilfe eines kleinen Schaufelrades am Schiffsrumpf, eines Computers und einer Anzeige im Cockpit

T	
Takelgarn	sehr dünnes Tauwerk zum Bewickeln von Tampen
Talje	Kombination von Tauwerk und Blöcken zum leichteren Dichtholen von Fallen und Schoten, einem Flaschenzug vergleichbar
Tampen	die beiderseitigen Endstücke eines Endes (Leine, Fall, Schot usw.)
Tauwerk	Sammelbezeichnung für alle an Bord verwendeten Leinen, Fallen, Schoten und andere
Tender	anderer Ausdruck für Beiboot
Tiefenlinie	eine Linie gleicher Tiefe in der Seekarte
Topplicht	weißes Licht im oberen Teil des Mastes, für die Nachtfahrt unter Motor vorgeschrieben
Toppwant	die oberste Want, von der oberen Saling ausgehend, zur Versteifung des Mastes
Toppzeichen	Dreieck bei der Kennzeichnung von Gefahrenstellen

Traveller	Einrichtung auf der Travellerschiene zum Verstellen der Großschot-Talje
Travellerschiene	Schiene, meist am hinteren Ende des Cockpits, zum Verschieben des Travellers
Treibanker	eimerähnliches Gerät, um eine Yacht bei schwerem Sturm mit dem Bug im Wind zu halten
Trosse	siehe Schleppleine

U

Übersichtskarte	Seekarte mit Übersicht über ein größeres Seegebiet
Überwasserschiff	Teil des Rumpfes, der aus dem Wasser ragt
UKW-Gerät	Sprechfunkgerät auf Ultrakurzwellenbasis, für Seenotmeldungen
Umlenkleine	Leine zum Setzen und Bergen des Blisters, mit Blöcken am Bergeschlauch befestigt
unterbrochenes Feuer	Leuchtfeuer mit kurzer Unterbrechung der Lichterscheinung
Unterfeuer	unterer Teil eines Richtfeuers
Unterliek	der untere Rand eines Segels
Unterwasserschiff	Teil des Rumpfes, der unter Wasser liegt
Unterwant	untere Want zwischen Salingende und unterem Teil des Mastes

V

verdrillen	anderer Ausdruck für verdrehen
Verkehrstrennungsgebiet	in der Seekarte gekennzeichnetes Fahrgebiet, in dem rechts gefahren und links überholt werden muß; Segelfahrzeuge haben keine Vorfahrt
Verklicker	einfacher Windrichtungsanzeiger, vor allem bei Jollen üblich
voraus	siehe recht voraus
Vordeck	das Deck vor dem Mast
Vorderkoje	Schlafplätze im vorderen Teil einer Yacht
Vorleine	Festmacherleine, die die Yacht beim Anlegen nach vorn sichert
Vorliek	der vordere Rand eines Segels
Vorstag	Abstützung des Mastes nach vorn

Vorwindkurs	Kurs einer Segelyacht mit Wind von hinten
Vorschiff	der vordere Teil eines Schiffes unter Deck
Vorschot	Schot zum Dichtholen und Fieren des Vorsegels, an Backbord und Steuerbord getrennt
Vorsegel	Bezeichnung für das am Vorstag gefahrene Segel
Vorspring	Festmacherleine, zur zusätzlichen Sicherung beim Anlegen, vom Bug zur Mitte an Land geführt

W

wahrer Windwinkel	Windwinkel, der nur den wahren, nicht den Fahrtwind berücksichtigt; durch Bordcomputer ermittelt
Want	die Want; stehendes Gut zur seitlichen Abstützung des Mastes
Wantenspanner	Spannschraube zwischen Want und Pütting zum Festholen einer Want
Waschbord	oder Cockpitsüll; Erhöhung des Cockpits gegen überkommendes Wasser
Wasserlinie	die Linie, wo der Rumpf das Wasser berührt
Wasserpaß	farbiger Trennstrich zwischen Unter- und Überwasserschiff, oberhalb der Wasserlinie
Webeleinstek	Knoten zur Befestigung eines Endes an der Reling oder auf dem Poller
wenden	Segelmanöver, bei dem die Yacht mit dem Bug durch den Wind geht
Wiederkehr	Zeit in Sekunden für die Gesamtphase von Licht und Dunkelheit beim Leuchtfeuer
Windanzeige	Anzeige von scheinbarer Windrichtung und -stärke beim Windmeßgerät
Windhutze	Lüfterkopf an Deck, der nur Luft, aber kein Wasser ins Schiffsinnere läßt
Windmeßanlage	Gerät zum Messen und Anzeigen von Windrichtung und Windstärke
Windrichtung	der Winkel, mit dem der Wind auf die Schiffslängsachse trifft
Windselbststeueranlage	mechanische Einrichtung mit Windfahne zur Selbststeuerung einer Segelyacht

Windstärke	nach dem englischen Admiral Beaufort genannte Windskala mit Einteilung von Windstärke 0 (kein Wind) bis Windstärke 12 (Orkan)
Winsch	Gerät zum leichteren Dichtholen von Fallen und Schoten, mit Winschtrommel und Winschkurbel

Y

Yachtfunkdienst	vom DHI herausgegebenes Handbuch mit Frequenzen für Funkpeiler und Wetterstationen
Yachtheck	Heckform mit langem Überhang

Z

Zeising	kurzes Band zum Befestigen des Großsegels nach dem Auftuchen
Zweifarbenlaterne	grün/rotes Positionslicht, in einer Lampe am Bug zusammengefaßt

Wo steht was?

A

Abtrift 11, 69
abfallen 50, 52
Abgelesene Höhe 73
Ablegemanöver 38, 40
ablegen 38 ff.
Ablenkung 71 ff.
abschlagen 45
abschleppen 36 f.
abschotten 78
Abstand 72
Abstandsbestimmung 72 f.
abwettern 76, 78
Achterdeck 13
Achterkoje 15
achterlicher Wind 21, 49
Achterliek 23
achtern 11, 39, 50
Achterschiff 13, 15
Achterspring 39
Achterstag 18 f.
Achtersteven 11
Achtknoten 60
Admiralitätsanker 27
Amwindkurs 50
Anker 24, 27, 39, 56 ff., 76, 79
Ankerball 57
Ankerboje 57
Ankergeschirr 24, 27, 56
Ankergrund 27 f., 56, 57
Ankerkasten 14, 28
Ankerkette 27, 39, 56 ff.
Anker klarieren 57
Ankerleine 27, 57 f.
Ankerlicht 57
Anker lichten 57
Ankermanöver 56 ff., 79

ankern 38, 56 ff.
Ankerrolle 37
Ankersicherung 28
Ankertiefe 56
Ankertyp 27
Ankerwinde 27 f., 37, 57
Ankerwinsch 27 f., 56
anlegen 38 ff.
Anlegemanöver 39 f.
anluven 42, 50, 52 f., 54
anschlagen 45
Antenne 17
Arbeitsfock 22, 45
Aufbauten 10, 13, 15 f.
Aufgabe der Yacht 29, 33 ff.
aufschießen 38, 47, 58 ff.
Augbolzen 32
Auge 61
ausbaumen 19, 47
ausreffen 46
Ausrüstung 10, 24 ff.
ausschäkeln 47
Außenbordmotor 28
Ausweichmanöver 43
Ausweichregeln 38, 42 ff., 81
Autopilot 14, 42

B

back 78
Backbord 11, 43 f., 48 f., 53, 69, 78, 83
Backbordbug 44, 50 f.
Backbord-Luv 44
Backbord voraus 50
Backskiste 14, 28
Badeleiter 33
Bändsel 24

Barograph 77
Barometer 77
Baum 18
Baumniederholer 21, 25, 45 f.
Beaufort-Skala 77
Beiboot 28, 57
beidrehen 52 ff., 78
beiliegen 78
Beisegel 18, 22
belegen 26, 38, 47, 58 ff.
Bergeschlauch (Bergesack) 22, 47
Besanbaum 19
Besanmast 18
Beschlag 24, 25
Bilge 15, 17
Blinkboje 32
Blinkfeuer 82 f.
Blister 22, 47
Blitzfeuer 82
Blitzschutzanlage 37, 79
Block 20, 24, 60
Bogenminute 66 f.
Boje 33
Bootsanker 57
Bootshaken 38
Bootsmannsstuhl 36
Bordapotheke 29
Bordbatterie 16
Bordnetz 31
Borduhr 63
Breitengrad 66 f.
Bruce-Anker 27
Bucht 58
Bug 10, 11, 15, 27, 39, 50, 52 f., 57, 79
Buganker 14, 40, 57

Bugform 11
Bugkorb 10,14
Bullenstander 21, 50f.

C
Chemie-WC 17
Cockpit 14, 63
Cockpitinstrument 14
Cockpitsüll 14
CO_2-Patrone 32
CQR-Anker 27

D
Danforth-Anker 27
Davit (kranartige Vorrichtungen) 28
Decca 35, 75
Deck 10, 13
Deutsches Hydrographisches Institut (DHI) 67
Deviation 71
Deviationstabelle 63
dichtholen 21, 26
Dingi 28
Dirk 21, 24, 45f., 58
Drahttauwerk 24
DSV 18, 29, 67
durchkentern 11, 78

E
Echolot 64ff.
Einhandsegler 42
Einrumpfboot 11
Elektrische Ankerwinsch 28
elektrische Anlagen 16, 79
elektrische Leitungen 31
elektrische Pumpen 17, 79

Ende 24, 58ff.
Ersatzpatronen 32
Erste Hilfe 29f.
Erste-Hilfe-Maßnahmen 29

F
Fäkalientank 17
Fahrhebel 4
Fahrregeln 38, 42ff., 81
Fahrtenyacht 6, 64, 69
Fahrwasserbezeichnung 67
Fall 18, 20f., 24, 26, 58f.
Fangleine 28, 35ff.
Farbmarkierung 67
Fasertauwerk 24
Fender 33, 38, 40, 61, 79
Festfeuer 82
Festmacher(leine) 24, 26, 38ff., 58ff., 61, 79
Feuer an Bord 29ff.
Feuerbekämpfung 31
Feuerlöscher 30f.
Feuerlöschdecke 31
fieren 21, 47, 50, 53, 56f., 78
Flaggleine 24
Flüssiggas 17f.
Fock 19
Fockbaum 19
Fockfall 20
Fockschot 21, 23
Fockschot-Leitschiene 24f., 46
Fockschot-Winsch 26
Focksegel 22
Freibord 11

funkärztliche Beratung 30
Funkelfeuer 82
Funkfeuer 65
Funknavigation 62, 72, 74
Funkpeiler 74
Funkpeilung 67, 74
Fußpumpschalter 17

G
Gaffelsegel 22
Gasflaschen 14
Gasspürgerät 18
GFK 18
Gegenkurs 63f.
Gegenruder 53
Genua 22, 45
geographische Breite 75
geographische Länge 75
geographischer Nordpol
Gewitter 76, 79
Gezeitengewässer 9
Gleichtaktfeuer 82
GPS 35, 75
Gräting 14
Grenzwellenempfänger 77
Großbaum 19, 21, 23, 25, 44ff., 53
Großfall 20, 45f.
Großschot 21, 23, 25, 32, 45f., 50, 53ff., 58f
Großschot-Traveller 26
Großsegel 18f., 21ff., 44ff., 49f., 53, 78f.
Grundberührung 37

H
Hafenhandbuch 67
Hafenkarte 65

halber Schlag 68
halbkardanisch 17
HALON-Löscher 31
Hals 23, 42
halsen 52 ff.
Handfunkpeiler 74
Handkompaß 63, 72
Handlauf 14, 32
Handlot 64
Handpumpe 17
Hauptanker 27
Heck 11, 39, 42, 53 ff.
Heckkorb 14, 32, 35, 40, 61
Heckleine 57
Hecklicht 80
Hektopascal 77
heißen 20, 47
Heizung 16
Hitzeerkrankung 30
Hochsegel 22
Hubkieler 12

I
Impeller 65
Internationales
    Seerecht 34

J
Jolle 11

K
Kajütdach 14
Kartenkurs 69, 71
Kartentisch 15
Kartenzirkel 63, 71, 75
Katamaran 11
Kennung 82

Kennzeichnung
    von Gefahrenstellen
    67 f.
Kettenvorlauf 27, 58
Ketsch 18 f.
Kiel 10 f., 18
Kielboot 11
killen 52
Kimmkieler 12
Klampe 14, 24 f., 50, 58 f.
Klappschränke 15
Klüse (Ankerklüse) 28
Knoten 58 ff.
knoten 38
Kochgerät 16, 17 f.
Koje 15
Kollisionsgefahr 43
Kompaß 14, 40 f., 48, 62 ff., 72
Kompaßkurs 69, 71
Kompaßnadel 63
Kompaßrose 64, 66, 71
kompensieren 63
Kopfschlag 59
Koppelnavigation 62, 65, 72, 74
krängen 11, 53
kreuzen 52 f.
Kreuzerabteilung d.
    DSV 18, 29, 34
Kreuzknoten 60
Kreuzpeilung 73
Kühlschrank 16
Küstenkarte 65
Kursabweichung 50
Kursdreieck 63, 69, 72
Kurslinie 74 f.

Kursermittlung 42, 62 ff., 69 ff.
Kurzkieler 12, 54

L
Ladegerät 16
Länge über alles (LüA) 11
Längenberechnung 11
Längengrad 66 f.
Landmarke 62, 67, 72
Landnavigation 62 f., 72
Langkieler 12, 54, 78
laufendes Gut 20
Lee 40, 44, 48, 53
Leeseite 48
Lee-Vorschot 46 f., 52
Leck 28
Legerwall 78
Legerwallposition 54
Leichtwettersegel 22
Leine 18, 26, 57 ff., 78
Leitöse 20, 25
lenzen 14, 17
Lenzen vor Topp und
    Takel 78
Leuchtfeuer 80, 82
Leuchtfeuerverzeich-
    nis 67, 72, 80, 83
Leuchttonne 82
Leuchtturm 82
Lichterführung 80
Lichtmaschine 16
Lichtweite 83
Lippklampe 37
Log 62, 64
Loran 35, 75
Lot 62, 64
Lüfter 15

Lümmel 19
Lümmelbeschlag 19, 45
Lümmellager 19
Luftdruck 77
Lukendeckel 78
Luv 40, 44, 48, 78
luven 42
Luvseite 48

M
Magnetkompaß 62 ff.
magnetischer Nordpol 63
Mann über Bord 29, 31, 54
Mann-über-Bord-
   Manöver 29, 31 ff.
Maschinenraum 15
Maschinenfahrzeug 43,
   80 f.
Mast 10, 18 ff., 45, 58, 79
Masttopp 21
Mayday Mayday
   Mayday 35
Medico-Gespräch 30
Mehrrumpfboot 11
Mercatorprojektion 65
Meridian 66
Minimumpeilung 74
Mißweisung 71 ff.
mitkoppeln 74
Mittelschiff 15
Mittelwant 20
Motorraum 10
Muringleine 38, 40, 57

N
Nachtfahrt 63, 76, 80 f.
Navigation 62 ff.
Navigationsecke 15, 63

Navigationsgerät 35
Navigationsinstrument 35
Navigationswerk-
   zeug 62 ff., 69
Navigator 41
nautische Literatur 62, 65
Nebel 76, 79
Nebelhorn 80
Nebelsignal 79 f.
Notanker 27
Notanruf 35
Notkanal 34
Notmeldung 35
Nullmeridian 66
Nordquadrant 67

O
Oberfeuer 83
Oberlicht 15
Oberwant 20
Ostquadrant 67

P
Palstek 38, 61
Pantry 15
Part 26
Passiv-Radar 36
Patenthalse 50
Peilung einer Standlinie 73
Peilzeichen 35
Persenning 45 f.
Pflugschar-Anker 27
Pinnen-Notsteuerung 13
Pinnensteuerung 13
Poller 38, 61
Positionsbestimmung 67,
   71 ff., 78, 80
Positionslichter

Pumpe 17
Pütting 20

Q
Q-Wende 52 ff.

R
Radarreflektor 36
Radsteuerung 13
Rahsegel 22
Reff 23
reffen 21 ff., 45, 78
Reffbändsel 23, 46
Reffhaken 45
Reffkausch 65
Reffleine 21, 45 ff.
Regattayacht 50
Reitgewicht 28, 57
Reitschäkel 28
Reling 13, 58, 61
Relingsdraht 10, 14, 32
Relingslog 64
Relingsstütze 14
Restablenkung 63 f., 71
Rettungsinsel 31, 33, 35
Rettungs-
   schwimmkörper 32
Rettungsweste 32
Richtfeuer 82
Rigg 10, 13, 18 ff., 50
Rollfock 17, 21 ff., 45 f.
Rolltrommel 19
Ruder 10 f., 55, 78
Ruderblatt 11 f.
Rudergänger 30, 53, 63,
   71, 83
Ruderkoker 12
Ruderkopf 12

Ruderschaft 12
Ruderquadrant 13
Rumpf 10f., 13
Rumpflänge 12
Rundtörn 61
Rutscher 19, 25

S
Saling 17, 20
Salon 15
Satelliten-Navigator
    (SatNav) 35, 75
Schäkel 24f.
Schalttafel 15
scheinbare Windstärke 41
scheinbarer Windwinkel 42
Schiffslängsachse 42, 68
Schiffsposition 67, 75
Schiffsschraube 11
Schleppleine
    (Schlepptrosse) 24, 37
Schmetterling 50f.
Schnappschäkel 25
Schot 18, 21, 26, 60
Schothorn 47
Schraubschäkel 25
Schwert 11
schwojen 56
Seehandbuch 67
Seekarte 62, 65f., 69ff.,
    72, 74f.
Seekrankheit 30, 78
Seemeile 67
Seenot 33ff.
Seenotmeldung 34f.
Seenotsignal 33f.
Seeventil 17
Seewetteramt 77

Seewetterbericht 76ff.
Seezeichen 62, 67
Segel 22
Segel bergen 38, 45ff.
Segel reffen 38, 45ff.
Segel setzen 38, 45ff.
Segelfahrzeug 10ff., 22,
    43f., 76, 80
Segelkurs 50f.
Segelkutter 64
Segelmanöver 52ff.
segeln 38ff., 48ff.
segeln am Wind 50
segeln mit achter-
    lichem Wind 50f.
segeln mit halbem
    Wind 50f.
segeln mit raumem
    Wind 50f.
Seitenlichter 80ff.
selbstholende Winsch 26
Selbststeueranlage 42
Selbstwendefock 19
Sicherheitsausrüstung 29,
    32, 36, 78, 80
Sicherheitsgurt 31f.
Sicherheitsleine 14, 31f.
Sicherheitsmaß-
    nahmen 29ff., 36, 78
Sicht 76
Signalflash 33
Signalpistole 34
Slup 22, 23.
Solarzellen 16
Sorgleine 32
Spiegelheck 11
Spiere 17
Spinnaker 19, 22, 47

Spinnakerbaum 19
Spinnakerfall 20, 47
Spinnakerschot 21
Spinne 45
Sprayhood 10, 14
Spritzwasserverdeck 14
Stag 18f., 24, 79
Standlinie 72
Standlinienpeilung 72
Starkwind 45, 57, 76
stauen 47, 58
stehendes Gut 19
Steuerbord 11, 43f., 48f.,
    52, 69, 83
Steuerbordbug 44, 50f.
Steuerbord voraus 50
Steuerkurs 41, 48, 63f.
steuern 37f., 40ff., 64, 71
steuern nach Kompaß 40f.
steuern nach
Windanzeige 41f.
Steuerrad 14, 52f., 64
Steuersäule 10, 14, 40, 63
Stockanker 27
Strichplatte 72
Sturm 22, 54, 57, 76ff.,
    79
Sturmfock 22, 45
Sumlog 64f., 74
Südquadrant 67

T
Takelage 10
Takelgarn 24
Talje 21, 24f., 45
Tampen 24, 26, 58
Tauwerk 24, 58
Teakholzdeck 13

Technische
  Einrichtungen 16 ff.
Temperatur 76 f.
Tender 28
Tiefenanzeige 64
Tiefenlinie 65
Toiletteneinrichtung 16, 17
Topplicht 80 ff.
Toppwant 20
Toppzeichen 67
Traveller 14, 24, 25 ff., 52
Travellerschiene 26
Treibanker 78
Trimm 26
Trinkwasser-
  versorgung 16
Trimaran 11
Trockenlöscher 30
Trosse 24

U
Übersichtskarte 65
Überwasserschiff 10 ff.
Umlenkleine 47
unterbrochenes Feuer 82
Unterfeuer 83
Unterliek 19
Unterwasserschiff 11
Unterwant 20
Untiefe 27

V
verdrillen 58
Verkehrstrennungs-
  gebiet 43
Verklicker 48
Vordeck 13
Vorderkajüte 64
Vorliek 46
Vorstag 19, 44, 46 f.
Vorsteven 11
Vorwindkurs 50
vorn 39
Vorschiff 15
Vorschot 21, 25, 46 f., 50,
  58, 61
Vorsegel 18, 21 f., 44 ff.,
  50, 54 f., 78 f.
Vorspring 39

W
Waffenbesitzkarte 34
wahrer Windwinkel 42
Want 20, 24, 79
Wantenspanner 20
Waschbord 14
Wasserlinie 11
WC-Raum 15
Webeleinstek 38, 61
Welle mit Schraube 10
Wellengenerator 16

wenden 52, 54, 78
Westquadrant 67
Wetterbeobachtung 76 f.
Wind 41 f., 48 f., 51 f., 77
Windanzeige 41 f.
Winddruck 11
Windfahne 42
Windhutze 15
Windmeßanlage 41, 48
Windrad 16
Windrichtung 39, 41, 48 ff.,
  55
Windrichtungsanzeiger 48
Windselbststeueranlage 42
Windstärke 41, 48
Windwinkel 41 f., 48
Winsch 14, 24 ff., 46
Winschkurbel 26
Winschtrommel 26
Wirkliche Höhe 73
Wolken 76

Y
Yachtfunkdienst 30, 67,
  74, 77
Yachtheck 11

Z
Zeising 45
Zweifarbenlaterne 81